杨振宁的故事

《杨振宁的故事》编写组　编著

湖南人民出版社 · 长沙

图书在版编目（CIP）数据

杨振宁的故事 / 《杨振宁的故事》编写组编著. —长沙：湖南人民出版社，2022.2（2025.10）
ISBN 978-7-5561-2836-5

Ⅰ. ①杨… Ⅱ. ①杨… Ⅲ. ①杨振宁—生平事迹 Ⅳ. ①K826.16

中国版本图书馆CIP数据核字（2021）第232209号

杨振宁的故事
YANG ZHENNING DE GUSHI

编 著 者：《杨振宁的故事》编写组
责任编辑：傅钦伟 姚忠林
责任校对：夏丽芬
装帧设计：侯越越

出版发行：湖南人民出版社［http://www.hnppp.com］
地 址：长沙市营盘东路3号 邮 编：410005 电 话：0731-82683357

印 刷：长沙超峰印刷有限公司
版 次：2022年2月第1版 印 次：2025年10月第6次印刷
开 本：960 mm × 640 mm 1/16 印 张：11
字 数：100千字
书 号：ISBN 978-7-5561-2836-5
定 价：29.80元

营销电话：0731-82683311（如发现印装质量问题请与出版社调换）

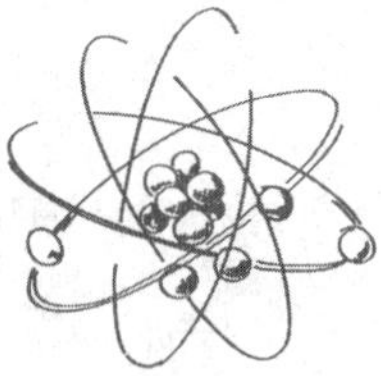

前言

几个世纪以来，中国一直缺少科学家，特别是大科学家。20 世纪在古老的中国诞生了一位伟大的物理学家——杨振宁。

在中国，杨振宁的名字可谓家喻户晓。杨振宁做了三件惊天动地的事儿：一是 35 岁获得诺贝尔奖；二是成为第一个访问中华人民共和国的美籍华人学者；三是年老时依然勇敢追求自己的幸福。不论在海内还是海外，杨振宁这个名字在华人中是十分响亮的。

1957 年，他与李政道共同获得了诺贝尔物理学奖。这是中国人第一次登上斯德哥尔摩的诺贝尔领奖台，全世界的炎黄子孙无不为自己的同胞在世界科学殿堂上取得的辉煌成就感到骄傲。

“中国人在国际科学坛上有建立不朽之功绩者，乃自杨振宁始。”继杨振宁、李政道后于1976年也获得诺贝尔物理学奖的丁肇中教授这样说道。

不过，当有人问杨振宁他一生最大贡献时，他的答案却是：“帮助改变了中国人自己觉得不如人的心理作用。”

杨振宁谨记父亲杨武之的遗训：“有生应感国恩宏。”在1971年春，中美关系开始解冻后不久，他毅然率先访华，叩开了中美之间紧闭了三十多年的科学大门，意义重大。

他说：“作为一名中国血统的美国科学家，我有责任帮助这两个与我休戚相关的国家建立起一座了解和友谊的桥梁。我也感觉到，在中国科技发展的道途中，我应该贡献一些力量。”

杨振宁如是说，也是这样做的。随后6年，他频繁穿梭往来于中美之间，做了很多卓有成效的学术联系工作。他写过这样两句诗：“云水风雷变幻急”“物竞天存争朝夕”。

1999年，杨振宁从纽约大学石溪分校退休，受清华大学邀请搬到清华园居住。杨振宁说：“人生走了一个大圈子不一定都是最快活最成功的，而我是很幸运的，是一个很happy的圈子。”

杨振宁东方的人生80岁才开始。

在讲到自己80岁人生的回忆的时候，杨振宁风趣地改动了莎士比亚的戏剧作品。“莎士比亚曾经这样写过，人生就像一出七幕戏，其中最后一幕就像回到童年，一切茫然，无牙齿、无眼睛、无味觉、无一切，而我现在是有牙齿、有眼睛、有味觉、有一切，是非常幸运的。”

2003 年 12 月，从美国退休的杨振宁定居清华大学。他把全部精力集中到发展清华高等学术研究中心的工作上，他为清华大学请来姚期智这样世界顶尖的计算机科学家。他还帮助清华大学设立了两个基金会，捐款 1000 多万美元。

2004 年 12 月，82 岁的杨振宁教授，即将再次结婚。而他的未婚妻翁帆，被他形容为“上帝恩赐的最后礼物”。

杨振宁曾经对翁帆说：“不管现在别人怎么讲，过了三十年以后，四十年以后，大家一定认为我们这个结合是一个美丽的罗曼史。”

2008 年，杨振宁出版《曙光集》。《曙光集》是杨振宁先生的个人文选，它既总结了杨振宁先生波澜壮阔的过去，又表达了他对新世纪新面貌的期望。

2011 年 6 月，杨振宁先生访问了宁夏大学。在那里，他为宁夏大学的学子们做了《我的学习与研究经历》的专场报告。报告中，他用自己的切身经历告诉大家要以“兴趣”为出发点，“发现自己的兴趣、培养自己的兴趣、发展自己的兴趣”，最终实现“兴趣—准备—结果”的研究路线。这是杨振宁先生总结出的成功经验，让宁夏大学所有师生都受益匪浅。

在 2019 年 9 月 21 日，他获得了极具分量的“求是终身成就奖”。“求是”“终身”四字，彰显了杨振宁先生为国家科研做出的伟大贡献。

杨振宁先生作为站在世界科学顶峰的成功者，从来没有忘记祖国。他不仅为国家科研的发展倾其所有地贡献自己的专业知识，还捐献出了大量的宝贵资料，为此，清华大学图书馆专门为其设立了“杨振宁资料室”。在 2021 年 9 月 22 日杨振宁百岁生日那天，他依然用一颗爱国心用事实鼓舞年轻一代要相信中国的力量，要爱自己的祖国！

英国诗人艾略特曾说过：“我的起点就是我的终点，我的终点就是我的起点，我们不应该停止寻索，寻索的终点就是我们的起点。”

杨振宁画了一个圈，线条从粗到细，他说：“这是代表我的人生。”

可以说，杨振宁的一生是进取的人生，是完美的人生，是成功的人生。

人们常说，要策划成功的人生，有一个重要的途径就是必须跟高人走，跟名人走，才能步入捷径。

可是，与大师朝夕相处，我们就一定能够成功吗？回答则是否定的。

虽然当时杨振宁的天才非同一般，获得了老师们的赏识，然而，他在美国芝加哥大学的研究工作并不顺利，因为动手能力差是杨振宁的最大弱点。据说笨手笨脚的杨振宁小时候曾经用泥捏了一只鸡，拿给父母看之后，杨振宁的父母为了鼓励他，夸奖他“这只藕捏得真不错”。在芝加哥大学，“哪里有爆炸，哪里就有杨振宁”的笑话流传至今。在其人生策划中，该如何取长补短，因材施教呢?

杨振宁的人生导师 E. 泰勒教授不愧是大师，针对杨振宁实验能力的不足，提出了符合其发展的人生定位：转攻理论物理学。最终，杨振宁接受了泰勒教授的建议，放弃写实验论文。自此，他毫不犹豫地把主攻方向转到理论物理研究。杨振宁的朋友们称这次转变“是实验物理学的幸运，更是理论物理学的大幸”。

确实，杨振宁充满传奇，他人生的旅程也可谓故事多多。本书汇集杨振宁的传奇故事，从这些故事当中看到大师风范：“诺贝尔”杨振宁、故土杨振宁、爱国杨振宁、平民杨振宁、性情中人杨振宁、风趣杨振宁、诗人杨振宁。你从这些故事中可以获得更多的人生启迪。

杨振宁的成功之路就像一面镜子，在这面镜子里，我们能够看到个人在对待自己生命方面的差距。

每一个人均有巨大的潜能，这种潜能一旦获得恰当的引导和开发并发展，就能够使人们在不同的领域里做出重大的成就。

目录

1 一个伟大的开始

小学一年级的时候，父亲教我背诵了几十首唐诗宋词。记得似乎是从“床前明月光”开始。有些诗句，例如“少小离家老大回”“不教胡马度阴山”，很容易懂。许多别的诗句不全懂，但是小孩子很容易就学会了背诵。70 多年来，在人生旅途中经历了多种阴晴圆缺、悲欢离合以后，才逐渐体会到“高处不胜寒”和“鸿飞那复计东西”等名句的真义，也才认识到“真堪托死生”和“犹恐相逢是梦中”是只有过来人才能真懂的诗句。

——杨振宁

1922 年 9 月 22 日，杨振宁出生在安徽合肥市城西大街四古巷。当时父亲杨武之是安庆一所中学的教员。安庆那时也称为怀宁。父亲杨武之给他起名“振宁”，其中的“振”字为杨家的辈名，“宁”字则是怀宁的意思。

到了第二年，杨振宁不满周岁时，父亲杨武之考取了安徽留美公费生。那一段时光，小振宁只能与母亲一起相依度日。杨振宁的启蒙教育全来自他的母亲。

杨振宁的母亲叫罗孟华，是一位传统、明智而且坚强的女性，虽然她没有接受过新式教育，但懂一些古文。杨振宁感到最大的温暖是父亲母亲感情相当好。罗孟华非常敬重杨武之，杨武之也非常爱恋罗孟华，并不因为自己是留洋博士而嫌弃糟糠之妻。杨武之曾经说过：“夫妇应始终如一，胡适之从来不嫌弃他的小脚太太，我很赞成他。”

在父亲远离家乡的日子里，母亲为家庭倾注了全部的爱。那时候，军阀混战，母亲带着杨振宁生活在安徽合肥。合肥是兵家必争之地，军阀常常攻来打去的，炮弹也经常落到杨振宁家附近。凡是遇到危险的情况，母亲总是抱着杨振宁便跑，跑去乡下或者到医院躲藏。

不管形势如何恶劣，母亲总是坚持教杨振宁认字。在他 4 岁的时候，母亲剪了一个个方块纸，将字写在上面，连续地抽出来让小振宁认，一年间母亲教小振宁认识了 3000 个汉字。

当杨振宁5岁的时候，母亲又专门请了一位老先生上门教杨振宁读古书。老先生教的是《龙文鞭影》，“龙文”是良马，见“鞭影”即奋蹄疾驰，不需要驱策。这是一本传统启蒙读物，文体为四言韵文，读来朗朗上口，其中有很多人物典故和逸事传说。1928年杨振宁6岁时，父亲从美国回来，一见面便问他，念过书没有？他说念过了。念过什么书？念过《龙文鞭影》。叫他背诵，他就都背出来了。

杨振宁的启蒙老师是妈妈。半个世纪过去了，杨振宁深情地回忆自己没有受过任何新式学堂教育的母亲如何教自己读书认字，那情景让人十分感动。

“我母亲1896年出生在安徽合肥，她小时候还裹过脚，到了民国的时候，才又把脚放开了，因而她的脚不是三寸金莲，但那是一双变形了的脚，我每一次看见她的脚，都觉得很难过。她念过几年私塾。我认识的头3000个字是母亲教会的，那时候父亲在芝加哥大学留学，只有我跟母亲住在一起。我认识了许多与我母亲一样的旧式妇女，我很佩服，她们受到了中国传统礼教的影响，而对于这些礼教，有坚定的信念，这个信念今天讲起来，有人会认为是愚忠愚孝，可是假如你抛开这个价值观，这个所谓愚忠愚孝的力量是无穷大的。

“那么，到了比她年轻一辈的男人或者女人，我想这个坚强的意志，渐渐地没有了，这是因为整个世界都在向另一个方向走。所以你如果要问我，说，我母亲除了养育我，除了教我3000个字，还给我留下了什么呢？我想，她留下的，是使我了解到有坚强意志的信念，是一种无比的力量。”

杨振宁的成功重要的原因是母爱，是母亲的启蒙教育。在整个童年的前半部分，杨振宁与母亲相依为命，当时他父亲远隔重洋在美国留学，他的启蒙教育全来自他的母亲。

2

父亲的教诲，播撒智慧之种

杨振宁的父亲杨武之是我国早期从事现代数论和代数学教学与研究的学者，早在20世纪20年代，他作为第一人把现代数论引入中国。

1923年，杨武之考取安徽省官费留学美国资格。他先在美国西部的斯坦福大学学习一年。在1923年斯坦福大学中国会的名单中，第11人就是杨武之。一年之后，杨武之进入美国中部的芝加哥大学，获得了硕士与博士学位。

20世纪30年代，杨武之担任清华大学数学教授，在那个时期，清华数学系培育出了一批世界级数学家，其中的佼佼者就是华罗庚和陈省身。华罗庚曾写信给杨武之：“古人云，

生我者父母，知我者鲍叔，我之鲍叔乃杨师也。”

生长在这样的家庭中，杨振宁的早慧很早就被发现和善加引导。作为一代名师，杨武之对儿子的教育全面而系统。

1928年，杨武之回国的时候，看到杨振宁不仅虎头虎脑、漂亮健壮，而且天资聪颖、知书懂事，他当即送了杨振宁一支自来水笔，借以鼓励。这在当时是一件相当贵重的礼物，它既代表父亲对儿子的褒奖，也寄托着父亲对儿子的希望。接过父亲的礼物，小振宁甭提有多高兴啦！在以后相当长一段时间，那支笔都是他的贴身宝贝和“兴奋剂”。每当拿出笔，他就能想到父亲对他的鼓励，然后学习劲头就倍增。

这一年，杨武之被聘为厦门大学数学系教授。在这期间，他开始教儿子很多新的知识。他用大球和小球讲解太阳、地球和月亮的公转情形，教授英文，也给小振宁讲一些算术和鸡兔同笼一类的问题……这些广博的知识开阔了小振宁的视野，也大大增强了他的求知欲。所以，杨振宁上小学之后，跨入了一个新天地，数学、国文两个科目对他都产生了强大的吸引力。

不过杨武之并没有忽略中国传统文化知识，也教杨振宁读唐诗；教杨振宁中国历史朝代的顺序，“唐虞夏商周……”；

教干支顺序和十二生肖，“甲乙丙丁……”“子鼠丑牛寅虎……”；教八卦，“乾三连，坤六断，震仰盂，艮覆碗，离中虚，坎中满，兑上缺，巽下断”；等等。

杨武之喜欢围棋和京剧，然而并不去培养儿子这些方面的兴趣，下棋可以让儿子 17 颗子，唱也只教他唱一些民国初年的歌曲，比如“上下数千年，一脉延”“中国男儿，中国男儿……”等。

杨振宁之所以在后来能够成为一颗在宇宙“科海”中遨游的明星，首先得益于杨武之在他小时候，就给了他一片蔚蓝色的“大海”。

3

快乐的童年和少年时光

1929 年，杨振宁随父母来到清华，他在清华园度过了童年和少年时光。

杨振宁的童年可以说是宁静而美丽的，尤其是在清华园生活的那八年。当时的附小叫做成志学校，里面有两个“大头”，一个是杨振宁“杨大头”，另一个是俞平伯的儿子“俞大头”。

杨振宁小的时候，至少不是一个最守规矩的孩子。据他自己说，清华的每一棵树他都爬过。杨振宁的拿手好戏则是骑自行车。让他感到非常过瘾的，莫过于从清华园的一个坡顶上，骑车冲过一座没有栏杆、只用两块木板搭成的窄桥！准确的判断、机敏的技术让杨振宁极为

享受冒险带来的刺激！

冲坡冲多了难免乏味，杨振宁就会翻出新花样。那时，清华大学生物系有几排大鱼缸，每隔一段时间都会被搬去清理。杨振宁与小伙伴们便趁这个机会练骑自行车的本领。两排鱼缸之间有一条砖砌的小沟，深约两寸，宽在六七寸。沿沟骑车，自行车一旦弯行马上便会跌倒。然而，杨振宁不但可以轻而易举骑行，还通常载着 4 岁的弟弟一起急速冲刺！谁料到，有一次车子倾倒，两人均摔了下来，弟弟左额被撞伤。杨振宁急忙把弟弟送往医院，还买了金钱酥给弟弟吃，哄他不要告诉父母。其实，这种事又怎么能瞒得过大人呢？

就在清华园，杨振宁开始对科学发生了浓厚的兴趣。他与同学的关系都很好，一起玩耍之余经常共同切磋。有一次他与同伴在院子里因对一个物理现象的解释产生了分歧，正在争论的时候，邻居吴有训教授走了过来，给他们作了结论，并鼓励他们研究身边的自然现象。吴有训一家和杨武之一家来往密切，后来杨振宁立志学物理，同吴有训的引导不无关系。还有一次，杨振宁找了一个小学同学，说想一起做一个实验，试试蝌蚪在盐分多浓的水中还能生存。于是他们两人便到荷塘中捞了一些蝌蚪，放在几种不同咸度的水当中，准备每隔24小时作一次记录。然而未料到，第二天早上他们起来一看，几个瓶子里的蝌蚪全都死掉了。

清华园对杨振宁而言，是儿时嬉戏的地方，是少年时代课余活动的场所。

后来杨振宁回忆他在清华园的童年时说："清华园的八年在我的回忆中是非常美丽、非常幸福的。那时中国社会十分动荡，内忧外患，困难很多。但是我们生活在清华园的围墙里头，不大与外界接触。我在这样一个被保护起来的环境里度过了童年。"

1933年秋天，杨振宁考取崇德中学，这所中学在绒线胡同，就是现在的北京市第三十一中学。崇德中学当时只有300多名学生。此时，父亲杨武之已经知道儿子学数学的能力很强。他当时如果教儿子解析几何和微积分，儿子一定学得很快，会使他十分高兴。可是他没有这样做，而是在初一与初二之间的那个暑假，请雷海宗教授介绍一位历史系的学生教儿子读《孟子》。

杨振宁在自传中写道：他在中学阶段念书时，父母要求他背诵《孟子》。当时的他没有选择说不的权利与勇气，只好勉为其难，把整本《孟子》装进记忆中。他上大学后，学习自然科学，一路走来极为顺利，并获得国际上的肯定。但是，说来奇怪的是，他幼年时所背的《孟子》，在成年之后，居然成为他做人处世的基本原则。换言之，孟子的话在他心中形成一套价值系统，每当他面临人生的重大抉择时，这套价值系统都会提供明确的答案。因此，影响他最深的，并不全是他的专长物理学，也包括两千多年前孟子的思想。

父亲书架上有许多英文和德文数学书籍，杨振宁常常翻看。因为外文基础不够，所以看不懂细节，每次去问，杨武之总是说："慢慢来，不要着急。"

上课念书的时候，杨振宁喜欢东翻西看，一次看了艾迪顿写的《神秘的宇宙》，那里面讲的是20世纪以来，很多科学家尤其是一些获得诺贝尔奖的物理学家，发现了许多物理现象，获得了惊人的新奇结论，为人类社会的发展和进步做出了突出贡献。这对年幼的杨振宁产生了很大的诱惑力，所以回家以后竟对父母说："将来有一天我要拿诺贝尔奖！"那一年，杨振宁12岁。

当时，身为教授的杨武之端详着儿子那憨厚、稚气且逗人喜爱的神态——一双炯炯有神的大眼睛闪烁着智慧的光芒，紧抿的双唇显示了他坚毅刚强的个性。父亲没说什么，只是对儿子笑了笑，平静而亲切地说："好好学吧。"

立志是一个人取得成就需要具备的一种特质。"志不立，天下无可成之事。"高尔基说："一个人追求的目标越高，他的才力就发展得越快，对社会就越有益。"

想成就一番事业，就要"小题目大题目都做"，立下志向，确定目标，人生才有行走的方向。

4 师从名师，奠定人生飞跃的基石

抗日战争全面爆发后，杨振宁随父母辗转来到昆明。杨振宁在昆华中学读了半年高中二年级，没有念高三，于 1938 年秋以同等学力的资格考入了西南联合大学。

父亲虽然给杨振宁介绍了数学精神，却不赞成儿子念数学。也许受了实业救国的影响，1938 年，杨振宁报考了化学系。然而，后来在准备入学考试时，他自修了高三物理，发现物理更合他的胃口，于是转入了物理系。

西南联大物理系的教授们，可以说是众星云集，有来自卢瑟福门下的剑桥博士，还有哈佛、牛津、芝加哥、普林斯顿、莱比锡

的名师高徒。在这里，杨振宁得到了名师们的更好指点。

在西南联大的头一年，给物理系新生授课的是赵忠尧教授。他是比较擅长实验的物理学家。赵教授在物理学上最重要的贡献是进行了硬 γ 射线的吸收和散射实验。第二年，杨振宁跟随周培源教授、吴有训教授学习力学、电磁学。周培源留美回国以后，在清华大学物理系任教，并在清华大学的理科研究所物理部先从事广义相对论的研究，后来又进行磁性理论的研究。吴有训是 1921 年底赴美入芝加哥大学后随康普顿教授从事物理学研究的，在验证康普顿效应方面做了重要的工作。杨振宁还跟随张文裕教授学习原子核物理学。张文裕于燕京大学物理系毕业后于 1934 年留学英国，受业于英国剑桥大学卡文迪许实验室主任卢瑟福教授。西南联大是在我国大学当中最早开设原子核物理学的少数大学之一。这些课程，使杨振宁比较全面地了解了当时的物理学前沿学科的成果与理论基础。

杨振宁于 1942 年本科毕业，随后被录取为西南联大物理系的研究生。他的硕士论文导师是王竹溪。在杨振宁考上研究生之前，曾听了王竹溪一系列关于相变的演讲，使他了解到相变是很重要的问题。在王竹溪指导下，他完成题为《超晶格统计理论中准化学方法的推广》的统计力学文章，这篇文章与一些其他文章合起来成为他的硕士论文。在研究院这两年间，他还从马仕俊那里学习到许多场论知识。吴大猷与王竹溪指导杨振宁走的两个方向是对称原理和统计力学。杨振宁始终强调这是他一生中主要的研究方向。杨振宁曾经多次说过："在西南联大给我影响最深的两位教授是吴大猷先生和王竹溪先生。"

数学是理论物理学工作者最重要的工具。在西南联大，杨振宁受到了非常严格的数学基础训练，历年考试成绩都名列前茅。在西南联大里，不仅有像杨武之、姜立夫、江泽涵等中年数学家，还拥有一批像陈省身、华罗庚那样的青年数学家。当时，华罗庚刚从英国剑桥大学留学归国，在堆垒素数论的研究上声名卓著。专长几何，在矢量丛研究领域已很有造诣的陈省身教授，不仅与杨武之有师生之谊，而且与杨振宁又是师生关系，感情非常深厚。

当年，西南联大不仅保持着清华大学把国文当作大学一年级学生必修课的传统，而且由于三个学校一批知名教授的到来，更壮大了教学阵容。杨振宁的国文原本就不错，经过朱自清、闻一多等知名教授的培养和熏陶，更是打下了深厚的基础。

关于西南联大，杨振宁在《读书教学四十年》中回忆说：“我在联大读书的时候，尤其是后来两年念研究院的时候，渐渐能欣赏一些物理学家的研究风格。”“西南联大是中国最好的大学之一。我在那里受到了良好的大学本科教育，也是在那里受到了同样良好的研究生教育。”“我在物理学里的爱憎主要是在该大学度过的六年时间里培养起来的。”

5 学士论文导师：独选吴大猷

1941 年秋，为了写学士毕业论文，杨振宁去找吴大猷教授给自己作指导。

吴大猷曾留学美国密歇根大学，获得博士学位。他在现代物理学上的造诣颇深，决不亚于他那几位卡文迪许实验室出身的同事们。他与另一位东方物理学家拉曼长期保持密切友谊和合作，拉曼曾经公开宣称，他获得诺贝尔物理学奖，相当大程度上得益于吴大猷的帮助。后来，吴大猷对物理学的兴趣由光学转向现代物理。吴大猷是第一位将现代物理学引入中国的人。

在西南联大任教期间，吴大猷主要负责教

授的科目是电磁学、近代物理、量子力学和古典力学，在这方面，他培养出了许多杰出的人物，李政道和杨振宁便是其中著名的两位。

杨振宁这样评价："吴教授从美国得到博士学位后，自30年代中开始在北京大学教授物理学，就是他把新的、革命性的'量子力学'带到中国，要知当时中国学量子力学的是绝无仅有的，所以吴大猷教授在北平，还有在昆明所教育出来的学生，后来在中国物理学界都发生非常大的影响。"

杨振宁上学的时候，就十分崇拜吴大猷这位通才式的人物，拜读过吴大猷教授那篇有关原子振动的论文，加深了对现代物理学的兴趣。在进入大学四年级后，他选择了原子振动这个具有一定难度的课题，当作自己的毕业论文选题。

可是，如何寻找突破口，一直是杨振宁非常伤脑筋的事情，将吴大猷教授的论点重新论证一遍，自然是比较省事的方法，然而，西南联大不喜欢这样的学生，吴大猷教授也看不起这样的学生，杨振宁自己也不愿意拾人牙慧，他必须寻找新的突破口。

一天，杨振宁突然从父亲桌上看到一本数学杂志，上面有一篇迦罗瓦有关数学群论的文章，立刻触发了他的灵感，数学功底一向非常扎实的杨振宁，决定选择以数学群论的方法来研究原子振动的课题，并且进行了初步的试论。吴大猷得知杨振宁决定用群论方法来研究原子振动，相当高兴，便向他推荐了德国科学家 E. 韦耳的文章《群论及其在原子光谱中的应用》，杨振宁的父亲杨武之也向他推荐了狄克逊的《现代代数理论》等参考书目，这样确立了杨振宁毕业论文选题——《群论方法应用于多原子振动》。

杨振宁回忆说，当年吴大猷教授“对我发生很大影响”，“我对对称原理发生兴趣实起源于那年吴先生的引导”。写这一篇论文，激发了杨振宁对研究物理学中对称问题的兴趣，后来取得弱相互作用下宇称不守恒定律的理论发现以及建立杨－米尔斯规范场理论这两个方面的辉煌成就。

因此，当杨振宁 1957 年获得诺贝尔物理学奖以后，立即给当时在加拿大的吴大猷老师写了一封信，对吴大猷老师对自己的引导之功表达感谢。

6 为加速器收集废钢铁

1942年初，西南联大物理系为了给高年级学生开设高能物理方面的课程，打算建一台小型的回旋式粒子加速器，利用赵忠尧从英国剑桥大学卡文迪许实验室带回来的50毫克镭进行物理实验。粒子加速器是现代物理学揭示微观世界的一种大型实验设施，1930年美国科学家劳伦斯设计了世界上第一台回旋加速器模型。没有这样的设备，中国的现代物理将永远停留在理论阶段，这无疑是一个尖端项目。张文裕、吴大猷、王竹溪、郑华炽、钱三强、彭桓武等一群科学家马上响应，理学院院长吴有训、叶企孙给予热情支持，于是有了中国科学

界进军现代物理学领域的第一次会战。

加速器研制遇到的第一个难题就是要有大量钢铁。战争时期，钢铁属于军事物资，市场上根本买不到；即使可以买到，联大物理系的穷教授们也买不起。于是西南联大物理系发动高年级学生收集废钢铁。杨振宁、朱光亚、黄昆等高年级同学首先被动员起来。

从小一块长大的伙伴邓稼先听说高年级同学要自已造加速器，曾大吃一惊，他睁大眼睛问杨振宁："这怎么可能？全世界能造加速器的大学现在恐怕也不超过四所。""那我们就是世界第五，中国第一。"杨振宁很有自信地对邓稼先说。

这年邓稼先进入了大学三年级，他也跟在杨振宁后面加入了收集废钢铁的行列。

他们每天提着麻绳，拎着箩筐，在昆明城里走街串巷。有那么一天，杨振宁脚下的鞋子磨破了，衣服也被他收捡来的废铁勾了一个洞，杨振宁只好像许多同学一样，穿着破衣烂衫来上课，好在那时候穿破衣服上课非常正常，所以并没有人嘲笑他。放学后他仍然背起破竹筐去昆明街上收废钢铁，只是动作更小心了，唯恐因为不注意，让本来就烂了的衣服被烂钢破铁挂得更烂了。在昆明生活了整整五年的杨振宁，在那段时间学会了一口地道的昆明话：“有破钢烂铁收来卖……”

五年以来，杨振宁第一次走遍了昆明的每一条大街小巷，“有破钢烂铁收来卖……”的声音，总是那么响亮，那么自豪，不论昆明城里的人们，是对他报以敬仰，还是报以白眼，他的内心都充满了期望和骄傲。穿着破衣破鞋，胸前佩戴联大校徽的杨振宁，总觉得收废钢铁是一件理直气壮的事情。他不再为自己破烂的衣服和高声的叫卖感到羞愧，他觉得那是世界上最好听的音乐，心中充满了热情。

他就那样快乐地叫喊着走在昆明的大街小巷，因为心中有梦。他希望快一点把需要的钢铁收集全，快一点把加速器研制成功，快一点推动国家的物理研究突破新的界限。他甚至做梦都在收集钢铁，有很多很多。他的内心有一把火，那是希望之火。

7 心目中最崇拜的三位偶像

杨振宁在西南联大读书的时候，特别是后两年就读于研究院的时候，渐渐能欣赏一些物理学家的研究风格。

那时候，杨振宁最佩服的物理学家有三位：创立相对论的爱因斯坦、量子力学创始人之一的狄拉克以及主持建造世界上第一座原子核反应堆的费米。这三位物理学大师都是诺贝尔奖获得者，他们有个共同的特点，就是能在极其复杂的物理现象中一下子抓住问题的实质，然后用简单而美妙的数学方法将它们表示出来。深受三位大师的影响，杨振宁以后的工作也带有这样的特点。

杨振宁说："我在联大所受到的训练，一方面是念过的课、自己从图书馆里看的东西；另一方面是我们互相切磋、互相讨论。当时我们都有判断力，知道物理学前沿里哪些想法或者是哪些发展的方向是我特别喜欢的。我想每一个独立做研究工作的人必须要在一个时候达到这一步。没有达到这一步，就好像对所有的东西没有自己的价值观，一切都是灰颜色的。如果你深入了以后，你就知道在这种灰颜色里头有不同的，然后渐渐地，你就发展出来自己的观点和看法了。事后想起来，我在西南联大的这几年相当成功的地方，就是我已经达到了一个地步，知道我喜欢哪些东西。我当时非常羡慕的是 3 位 20 世纪的大物理学家，爱因斯坦、费米和狄拉克。"

杨振宁对爱因斯坦推崇备至，崇拜得五体投地。他认为，爱因斯坦是 20 世纪最伟大的物理学家、思想家和哲学家，是与牛顿齐名的物理学史上最伟大的两个巨人之一。他用两个字来评论爱因斯坦对物理学的巨大贡献，那就是"深"和"广"。

他喜欢狄拉克的特殊风格，认为狄拉克对问题的物理本质往往能一语道破。他觉得狄拉克研究物理学的时候，每一步都有他自己的特殊逻辑。虽然他的逻辑与别人的不一样，但却相当富有吸引力。只要你同他走一步，你就感到非跟他走到底不可，最后，总是突然得出一个意想不到的结果，这就好像是一种“神来之笔”。杨振宁觉得，跟着狄拉克一步步往前走不啻是一种妙不可言的享受！

至于费米，杨振宁认为，他是物理学史上最后一位既从事理论研究，又做实验工作，而且在这两方面都有第一流贡献的伟大物理学家。费米对什么是物理，什么不是物理，有一个很清晰的价值观念。最重要的一点是，费米使他了解，物理不是形式化的东西，它是有血有肉的。

总之，杨振宁认为，爱因斯坦、狄拉克以及费米均具有把一个物理概念、一个理论结构或一个物理现象的本质提炼出来的本领，并都能够正确地把握住其精髓。

杨振宁后来说：“在每一个有创造性活动的领域里，一个人的爱憎，加上他的能力、脾气和机遇，决定了他的风格。而这种风格转过来又决定他的贡献。乍听起来，一个人的爱憎和风格竟与他对物理学的贡献关系如此密切，也许会令人感到奇怪，因为物理学一般认为是一门客观地研究物质世界的学问。然而，物理世界具有结构，而一个人对这些结构的洞察力，对这些结构的某些特点的喜爱，某些特点的憎厌，正是他形成自己风格的要素。因此，爱憎和风格之于科学研究，就像它们对文学、艺术和音乐一样至关重要，这其实并不是稀奇的事情。”这是一段富有哲理而饱含真知灼见的话。

在西南联大的岁月，杨振宁倾注了深情。他的一生在物理学上的见识、眼界、胆略、鉴赏能力和基本态度，都是年轻时在中国得到的。参天的大树，离不开根本。杨振宁在物理学上的茁壮根系，在西南联大这片沃土往深里钻，往广处长，为大树的繁茂，汲取着丰富的营养。

西南联大的生活，不但为杨振宁提供了学习与成长的机会，而且还使他形成了自己的物理学结构感与爱憎感。

这一时期，杨振宁着手思考物理学理论的总体结构以及跟这种结构相联系的美，同时接触并考虑对称性在物理学中的基本作用这样根本性的问题。他试着以全局的观点来审视各种物理学理论，开始孕育将已有的理论从一个局部的领域推广出去的念头。

8

与父亲泪别，赴美留学

1945 年 8 月 28 日，杨振宁即将离家飞往印度然后转乘运兵船去美国。

一大清早，杨振宁父亲杨武之就陪他去等候去机场的汽车。

上汽车之前，父亲杨武之拍着杨振宁的肩膀又说了一番鼓励他的话。

话别后杨振宁上了公共汽车。一开始杨振宁还可以从拥挤的车里透过窗口看见父亲向他招手。可是几分钟之后，他就看不到父亲了——父亲被拥挤的人群挤到远处去了。车里去美国的同学很多，杨振宁与他们说起话来。等了一个多钟头，车始终没有发动，车厢里有个美国人突然不停地向杨振宁打手势让他朝窗外看。刹那间，杨振宁的眼睛模糊了，原来父亲还在那等！他瘦削的身材，穿着长袍，额头前头发已显斑白。看见父亲满面焦虑的样子，杨振宁忍了一早晨的热泪，一时迸发，不能自已。

后来，杨振宁写道："1928 年到 1945 年这十七年时间，是父亲和我常在一起的年代，是我童年到成人的阶段。古人说父母对子女有'养育'之恩，现在不讲这些了，但其哲理我认为是有永存的价值的。""我的物理学界同事们大多对数学采取功利主义的态度。也许因为受我父亲的影响，我较为欣赏数学。我欣赏数学家的价值观，我赞美数学的优美和力量：它有战术上的机巧与灵活，又有战略上的雄才远虑。而且，奇迹的奇迹，它的一些美妙概念竟能支配物理世界的基本结构。"

如此，父亲不仅对杨振宁有养育之恩，还引导他走向正确的发展方向，这种父子之情是弥足珍贵和令人羡慕的。但是，为了百废待兴的国家，为了追求科学，为了民族的兴盛，他们把个人情感隐藏在了心里，最终选择了更为重要的事情。也正是这种精神的大格局，造就了杨振宁日后的大成就。

9 万里求学 追逐名师

1945 年 8 月底，23 岁的杨振宁动身去美国求学。这需要经过长达 3 个月的时间，先从昆明飞往印度，然后再乘船过红海、地中海和大西洋，最后才能到达美国。

当时中美之间没有商船往来，杨振宁这批留学生只能先乘飞机到印度的加尔各答，在那里等候美国的运兵船。可是第二次世界大战刚结束，成千上万的美国士兵亟待从亚洲返回自己的国家。每条运兵船仅仅空余一二百个床位让非美国军人搭乘。杨振宁在加尔各答足足等候了两个半月之后，终于坐上了船。船舱十分拥挤，杨振宁住在船最下面的统舱里。不到 3

米高的统舱，居然搭了四层铺，只能睡，不能坐。历尽艰辛，杨振宁终于在 1945 年 11 月底到达纽约。杨振宁上岸后急忙用两天时间购买一些生活必需品，立即辗转投师。

投拜哪一位名师，杨振宁曾经考虑过很长时间。早在西南联大读书的时候，他尤其赞赏和偏爱爱因斯坦、费米、狄拉克的研究风格。这三位均是 20 世纪的大科学家。因爱因斯坦年事已高，杨振宁不敢麻烦、打扰他，而狄拉克又不在美国，因而杨振宁便认定要追随费米。

可是杨振宁的万里寻名师并不顺利。他到达美国之后，马上去费米教授工作的哥伦比亚大学寻找，不料费米当时正在进行绝密的原子弹研究，哥伦比亚大学没有人可以告诉他费米的去向。于是他只好来到普林斯顿大学去找威格纳教授，而威格纳教授恰好要休假一年，不开课。杨振宁非常失望。

万幸的是，他在普林斯顿大学遇上了张文裕教授。张文裕这时正应邀在普林斯顿大学从事宇宙射线的研究和教学工作。当杨振宁把自己的心事告诉张文裕教授时，张文裕教授马上向他透露，费米教授不久就要到芝加哥大学主持一项研究，并在那里任教。获得张教授的指点，杨振宁便动身前往芝加哥大学。

又经过一次长途跋涉，杨振宁终于在芝加哥大学见到了他仰慕已久的费米教授。就这样，费尽一番周折以后，他终于成为芝加哥大学的博士研究生。

开学不久，他多次向费米教授提出，希望在他的指导下写一篇实验论文。然而费米只能在阿贡实验室做实验，而阿贡实验室是对外国人保密的国家实验室，杨振宁是外国人，不能进入阿贡实验室。

这样，费米教授介绍杨振宁到艾里逊实验室去工作。因此杨振宁从 1946 年秋天开始在艾里逊实验室学习。那时艾里逊实验室正建造一套 40 万电子伏特的加速器，这在当时是世界最大的加速器。

费米教授还建议杨振宁跟 E. 泰勒教授从事一些理论方面的研究。杨振宁听从费米教授的意见，准备做泰勒教授的博士生。泰勒教授出生在匈牙利，年轻时一只脚被汽车轧伤。在美国他因主持氢弹研制后来被称为“氢弹之父”，此时他是芝加哥大学物理学教授。

杨振宁第一次去见泰勒教授的时候，刚一见面，泰勒教授就提议两个人在外面散步，边走边谈。杨振宁跟在泰勒教授身旁。

泰勒教授转过头来问：“氢原子基态的波函数是什么？”杨振宁的回答几乎脱口而出，泰勒立即说：“你通过了。我接收你做我的研究生。”原来，在泰勒教授看来，很多人学得非常好，却不会回答这个问题。他认为，只有能够回答这个问题的人，才是可以造就的。这样，经过一番别开生面的口试，杨振宁便成了泰勒教授的博士研究生。

10 大师也曾经迷失过

在日本，第一个获得诺贝尔奖的人是汤川秀树，他是日本著名的物理学家。1948 年，他赴美国任哥伦比亚大学教授。1949 年，因在核力的理论基础上预言了介子的存在，获得当年的诺贝尔物理学奖。

杨振宁在一次演讲中特别提到汤川秀树。他指着一张照片说：“这是汤川秀树，汤川秀树是日本第一个得到诺贝尔奖金的。他得诺贝尔奖金是 1949 年，1949 年我去了普林斯顿以后认识了汤川秀树。我特别要把他的照片给大家看，因为这里头有一个与我有关系的故事。”

这个故事是这样的：

杨振宁在芝加哥大学做研究生时，有一个现象，就是那个时候的研究生都非常穷。有一天，他们突然发现报纸上有一个广告，说有一个 crossword puzzle（填字谜），如果获胜，最高奖金能够拿到 5 万美元。这笔钱，对于当时在美国读书的中国研究生来说，真的是一个天文数字，大家都想获得。

当时参加这种比赛的人大多数是家庭主妇，杨振宁心想："我们要比这些家庭主妇本领大一点！"于是他就与其他四个同学凑了 17 美元报名参加了比赛。

果然，两个月以后，主办单位来信恭贺他们，他们的分数是最高的。可是，还有一组人跟他们的分数一样高，所以必须要再来一个难度更大的填字谜以决最后的胜负。

杨振宁在电话里跟四位好友说："必须要尽快地解出来！"

就这样，五个人以分工的方式，将这个类似"小强填字"的游戏拆成了五份，杨振宁负责从 Merriam-Webster 英语大字典里，找出包括 g 和 w 的所有五个字母的单词。这是一个十分巨大的"工程"，杨振宁用了足足一个星期，昼夜不停地在图书馆里翻字典，赛过做实验搞研究的投入。第七天快天亮的时候，杨振宁疲倦地走回住处。而就在开门的时候，他看见地上有一份《纽约时报》，上面醒目地写着：“汤川秀树荣获 1949 年诺贝尔物理学奖，是日本科学家首次获得诺贝尔奖。”

那一刻，杨振宁忽然就像被什么敲了一下，瞬间惊醒了，他问自己：“杨振宁，你现在在做什么？”他想起自己这段时间为了钱竟然忘了自己的目标，这样宝贵的时间和环境，竟然用来游戏比赛，竟然和家庭主妇去抢。

悔恨涌起，杨振宁为自己浪费的时间心疼不已。他想起了父母师长曾经对自己的教导，想起了自己肩上的重任，他没有想到自己竟然如此糊涂。他把汤川秀树当做自己的榜样和目标，告诉自己从今往后再也不能浪费时间。

他感谢汤川秀树获得诺贝尔奖这件事，否则，他可能会越陷越深，最终迷失自我。所以，也是在填字游戏之后，杨振宁把全部的精力都投入到物理学的研究之中，再也没有为一些没有价值的事情浪费过时间和精力。当然，他也经常会拿这件事讲给自己的孩子和学生听，也希望他们以此为戒，不要浪费时间和生命，要珍惜生命里的每一分钟。

11

与爱因斯坦有过一面之交

杨振宁和李政道在普林斯顿高等研究院的时候，曾经同世界物理学巨匠爱因斯坦有过一面之交，使他们备享“开光”之泽，获益终身。这是他们一直以来引以为傲的经历。

提起爱因斯坦，杨振宁像个忠实的“追星族”，他说：“在普林斯顿时，我们和爱因斯坦住得很近，但我们这些年轻人很少去打扰他，不过我知道他每天散步的路线和时间，所以有天下午我带着我的儿子，在那里等待爱因斯坦，请他与我的孩子合影。”

在普林斯顿高等研究院的绿色草坪间，年轻的杨振宁时常能看到爱因斯坦与助手戈登步

行而来，他从来不开汽车。爱因斯坦从 1933 年以来就在那里当教授。那时候爱因斯坦已经 70 多岁，虽然退休，他依旧拥有自己的办公室，在普林斯顿继续从事他的研究，一直到 1955 年去世。当时，普林斯顿高等研究院有 30 多名博士后，杨振宁也是其中的一员，他们都非常尊敬和崇拜爱因斯坦。

那时候，爱因斯坦刚刚有个新的理论，叫做“统一场论”，这是他后半生积极致力研究的一个前沿课题。针对这一研究，有关方面特意安排爱因斯坦给全美的物理学界的学人作一次演讲。杨振宁与李政道非常幸运地聆听了爱因斯坦的那次关于统一场论的演讲。在演讲现场，他们见到了科学巨人爱因斯坦，但由于爱因斯坦浓重的德国腔英语让人听不清楚，杨振宁感到十分遗憾。

在 1952 年，杨振宁同爱因斯坦有过一次更近距离的接触。当时杨振宁与李政道共同发表了一篇论文，是关于统计力学中叫做“相变”的问题。相变是物理学一个相当重要的课题，是指类似于水转变成蒸汽或冰转变成水这类事情。杨振宁与李政道在这个领域有一些很好的研究。仍然关注物理界动态的爱因斯坦看到了杨振宁和李政道的论文，对相变问题十分感兴趣。

爱因斯坦对经典物理学的研究主要是：一方面是统计力学，其中包含相变理论；另一方面是电磁理论。他在这两个方面均作出了杰出的贡献。总的说来，爱因斯坦看到杨振宁与李政道的论文很感兴趣，于是爱因斯坦就让他的女助手找到杨振宁和李政道，请他们去聊一聊。这是一次非常难得的学术探讨机会，在爱因斯坦的办公室里，爱因斯坦同杨振宁、李政道谈了一个多小时，这次会谈让杨振宁和李政道受益很多。

杨振宁与爱因斯坦还有一次近距离的接触。那是在玻尔来普林斯顿高等研究院访问的时候。杨振宁回忆道："玻尔是20世纪最伟大的理论物理学家之一，他是爱因斯坦的朋友，也是对手。那是一个比较通俗的演讲，会场设在一个普通的大屋子里，由于没有足够的椅子，我们很多人就坐在地上。爱因斯坦也参加了这次演讲。从传播知识的角度看，那次演讲非常失败，因为玻尔的母语是丹麦语，对于多数听众来说他的口音很重。如果我没记错的话，爱因斯坦最后问了一两个问题，不是很多。"

"我想我们大多数的年轻人只是坐在那里，观察这两位伟大的物理学家的反应，而并不真正懂得发生着什么事情。要知道，爱因斯坦和玻尔的学术争论是历史上最重要的思想交锋，他们的对话试图阐明量子力学的意义。玻尔对于在 1927 年那次会议中他同爱因斯坦之间不同寻常的对话感到非常自豪，他在此后的那些年里反复使用他当年在黑板上所绘出的图示。据说那幅图解在他去世的当天还留在办公室的黑板上，有人还在他刚去世时拍下了照片。”

12

金色婚姻

1949 年秋天，杨振宁刚来普林斯顿时，经常到普林斯顿唯一的一家中国餐馆吃饭。这年圣诞节，杨振宁与他的一个美国朋友正在这家中国餐馆就餐时，恰巧遇上了邻桌的杜致礼。乍一见面，杨振宁感到面前这个容貌秀丽的女孩子非常面熟，正寻思着这个人是谁时，杜致礼早已抑制不住喜悦的心情，站起来含笑地问道：“杨老师，我是您的学生杜致礼啊，您还认识我吗？”原来，这位小姐名叫杜致礼，是杨振宁在昆明联大附中教书时的学生。

杜致礼是杜聿明的长女，1947 年，她准备陪同患有多种疾病的父亲赴美就医，同时自己

也赴美留学。不料临上飞机时，蒋介石又急令禁止杜聿明出国。所以，杜致礼就只身来到美国。杜致礼想进宋美龄为她介绍的卫斯理女子学院学习她颇有兴趣的英国文学。然而不久后她父亲在淮海战役中被解放军俘虏，蒋介石看到杜聿明不能再为他卖命，就不再提供杜致礼求学的费用。没办法，杜致礼只好改变主意，进了纽约的圣文森学院，靠自己打工维持学业。没想到，在普林斯顿的一间中国餐馆，她竟然遇到了自己以前的数学教师杨振宁。或许这就是冥冥之中缘分自有天定吧，上帝给他们创造了一个偶遇的机会。

杨振宁在普林斯顿的中国餐馆中看到杜致礼时，她来美已经两年多了。杨振宁与杜致礼师生异地重逢，一位是聪明帅气、热情自信，一位是秀外慧中、出尘脱俗，感情的种子迅速就在两人中间萌芽、开花。杨振宁对杜致礼展开了热烈的追求，每个周末都要从普林斯顿赶到纽约去和杜致礼约会。

杨振宁与杜致礼彼此倾慕，难舍难分，可是当到了谈婚论嫁的时候，杨振宁却犹豫了。因为杜致礼是国民党高级将领杜聿明的爱女，而杜聿明成了共产党的战犯，杨振宁害怕他和杜致礼的婚事会影响国内的父母及家人，就写信征求父母意见。

杨振宁的父亲杨武之作为从旧中国走出来的知识分子，对共产党的政策了解很少，看了儿子杨振宁的来信之后，他想到了妻侄罗文浩。罗文浩原是国民党军官，1949 年起义投诚，后调南京华东军政大学任军事委员。罗文浩少年时代与杨振宁生活在一起，与杨振宁私交非常好。他看了杨振宁的信以后，对姑母和姑父说："共产党的政策是一人做事一人当，不搞株连。杜聿明是战犯，但与女儿杜致礼没有关系。老表的婚事，你们就放心吧。"听了罗文浩的意见，杨武之和妻子才彻底放心，写信告诉儿子杨振宁，赞成他和杜致礼的婚事，并祝他们幸福。

1950 年 8 月 26 日，杨、杜二人在普林斯顿结婚。婚后，夫妻鸾凤和鸣，在普林斯顿度过了一段美好岁月。

后来，杨振宁回忆这件事说："我同她在普林斯顿唯一的一家中国餐馆中不期而遇……这大概就是人们所说的那种婚姻的缘分吧。"

杜致礼专攻文学，中英文都很有造诣，曾经在台湾教过英文。在纽约深造之后，留在纽约州立大学石溪分校教中文。她和杨振宁养育有两儿一女。

虽然是将门闺秀，但杜致礼嫁给杨振宁以后，明确了自己的位置、懂得自己的责任。她清楚，杨振宁为之奋斗的事业属于全人类，她应当全力支持而不能丝毫影响他的工作。于是，杜致礼承担了全部家务和抚育孩子的烦琐事务，一心一意相夫教子，让杨振宁把时间和精力全部用在科研上。

有一次，儿子打球撞伤了脾脏，流血不止，必须送到医院做手术。而这时的杨振宁却远在波兰讲学，于是，一切都是杜致礼一个人操持，直到杨振宁回家以后，才知道儿子经历了一次大手术。原来，杜致礼怕他分心，都没有打电话告诉他。杜致礼就是这样用自己的行动，全心全意地支持着杨振宁的事业。

13 两位中国人登上诺贝尔奖奖台

1957 年 10 月的一天，瑞典一个新闻记者突然从纽约给杨振宁打来电话，说他要到杨振宁家来访问，而杨振宁并不认识他。杨振宁与夫人便猜想这个电话可能与诺贝尔奖有关。这位记者来之后，说他可能得了诺贝尔奖，为杨振宁夫妇及其孩子光诺照了相。过了几天后，瑞典有关方面果然打电话通知他，证实了消息的可靠性。

这年 10 月底，诺贝尔物理学奖评选委员会正式向全世界宣布：1957 年的诺贝尔物理学奖，由杨振宁和李政道二人共同获得。

这消息一公布，在全球引起了强烈的反响，

这是中国人第一次获得诺贝尔奖，这便成了世界各大报章的头条新闻，杨振宁、李政道两人的照片登在报纸的头版和杂志的封面上。世界各国的新闻记者拥到普林斯顿和哥伦比亚大学要求采访。祝贺信更是如雪片般飞来。杨振宁收到了国内，包括周培源、钱三强等许多著名科学家的贺信。

杨振宁没有感到惊讶，因为他与李政道都知道他们这个科研成果极为重要，迟早是要得诺贝尔奖的，只是觉得来得太快了。据杨振宁所知，一项重大科研成果产生以后，能不能得诺贝尔奖，要两三年之后才能见分晓。到了1957年年初，吴健雄等人的研究小组就在实验室里用科学实验证明了宇称不守恒这个理论的正确性。吴健雄等人的实验报告才正式宣布两个星期，这项研究成果便被列为获奖项目，这是事先未想到的。

1957年12月10日，35岁的杨振宁与31岁的李政道登上了斯德哥尔摩诺贝尔领奖台。12月11日，杨振宁与李政道分别作了演讲，杨振宁的演讲题目是《物理学中的宇称守恒及其他对称定律》，李政道的演讲题目是《弱相互作用和宇称不守恒》。在领奖仪式上，杨振宁用普通话说："今天，我站在这儿向你们叙述这一切时，我以沉重的心情体会到这一事实：

从不止一层意义上说，我是中国和西方两种文化共同的产物，二者既有冲突，也有协调。我想说，我既为我的中国根源和背景感到骄傲，也为我献身于现代科学而感到满意，现代科学是人类文明起源于西方的一部分，对于它，我将继续奉献我的努力。”

这时，他们所持的还是当年出国留学的中国护照。至今翻看诺贝尔奖的历史记录，他们的国籍一栏里还是清楚地标明“China”。这是中国人首次登上诺贝尔领奖台，全世界的炎黄子孙无不为自己的同胞在世界科学殿堂上取得的辉煌成就感到骄傲。

获得诺贝尔奖后，有一个记者便问杨振宁他最大的贡献是什么，杨振宁说道：“我一生最重要的贡献是帮助改变了中国人自己觉得不如人的心理作用。”虽然只是简单的一句话，但是它胜过千言万语。在以前的岁月里，包括知识分子在内，很多的中国人对自己缺乏自信，认为诺贝尔奖之类的奖项与中国人没有缘分。杨振宁等人的成就如同一声春雷，震醒了中国人，使他们从心理上摒弃了自卑感，战胜了自己，敢同西方人一争短长了。有人说“杨振宁壮了中国人的胆”，这句话不无道理。

最使杨振宁难忘的是他在巴西见到的非常感人的一幕。那是在1960年，他带妻子杜致礼及孩子去巴西访问。到达机场的时候，有2000多位华侨举着旗子到机场迎接他们。这些华侨都是在当地做生意的人，与杨振宁素昧平生，杨振宁说："这件事使我深深地意识到获得诺贝尔奖，不是个人的事，而是一件对中国都有意义的事。"

14 美妙的合作

杨振宁和李政道两人是从 1949 年开始合作的，合写第一篇论文，还有另一位合作者布鲁斯。1949 年杨振宁离开芝加哥大学来到普林斯顿高等研究院工作，杨振宁还向普林斯顿高等研究院院长奥本海默推荐李政道，李政道随即接下两年聘书并与杨振宁做邻居。

1950 年李政道在芝加哥大学完成他的博士论文《白矮星的含氢量和能量产生机制》后，来到普林斯顿。这时杨振宁刚写完一篇统计物理方面的论文，两人在这个基础上合写两篇统计物理学理论的论文，第二篇论文的结论——单位圆定理，在统计热力学中成为一个经典性

的发展。

1953年秋天，杨振宁在布鲁克海文国家实验室访问研究一年，与米尔斯合写了一篇奠定杨振宁物理学大师地位的论文。

1954年芝加哥大学著名教授费米去世。费米的位置空了出来，芝加哥大学于是想把杨振宁请回去。那个时候杨振宁已经是普林斯顿高等研究院的教授，杨振宁觉得如果去芝加哥大学的话，应当把李政道也拉去，因而他便向芝加哥大学提议同时也聘请李政道，并要求他们给李政道正教授的位子。结果，他们两个人都没有回到芝加哥大学。

李政道认识到杨振宁1954年与米尔斯所发表那一篇论文的重要性，在1955年开始与杨振宁进行讨论，并再次合作写了一篇论文。1956年他们两人合作写了一篇论文，质疑物理学家一向深信不疑的宇称守恒定律在弱作用中的有效性。这篇论文造成了科学概念上的一次革命，也使他们两个成为最早得到诺贝尔奖的中国人。那一年杨振宁35岁，李政道31岁。

杨振宁、李政道获奖以后，两人的合作更加密切，这在科学历史上是少有的。有人曾拿他们与另外两个诺贝尔奖得主费曼和葛尔曼作比较，费曼和葛尔曼曾是加州理工学院同事，也是有合作又有竞争的关系，然而费曼和葛尔曼的合作远不如杨振宁、李政道那么密切，而且情况也不一样，原因是费曼和葛尔曼都是在没有合作前就已经出名了。

普林斯顿高等研究院院长奥本海默曾说过，他最喜欢看到的情景，就是杨振宁、李政道两个人并肩走在普林斯顿的草地上。当时，普林斯顿高等研究院物理学家史诺很兴奋地回家跟太太说，研究院来了两个非常聪明的中国物理学家。认识杨振宁、李政道的很多物理学家也都推崇他们的合作关系，认为是相当美妙，而且了不起的合作。杨振宁与李政道扯开嗓门，并用手指凌空计算，是很多认识他们的物理学家都看过的情景。

除了科学合作之外，杨振宁、李政道两家人来往密切。他们在普林斯顿以及暑假在布鲁克海文，都曾毗邻而居，两家孩子也在一起玩，他们还有一张两家大儿子在一起洗澡的照片。

从1955年至1962年，八年间杨振宁与李政道一共合写了32篇论文，显现出他们两人的合作是相当成功的。李政道曾经写道："杨振宁和我的合作，和当时物理的发展十分契合，并且反映了当时的精神。我们的合作紧密而且成果丰硕，是既竞争又和谐。我们共同的工作激发出我们最佳的能力。结果远比我们各自分开来工作的总和要好得多。”

杨振宁也曾经说他与李政道合作是令人羡妒的。他说，李政道吸收新知识的速度很快，而且兴趣广泛，虽然他们两人都不太喜欢看他人的文章，然而李政道比杨振宁要看得多，各种的信息也多一点。两个人在一起辩论一个问题，参照着彼此的意见，能够获得一个人研究问题时想象不到的效果。

当再一次回忆起当年的经历时，杨振宁坦言，李政道是他在普林斯顿 17 年间最好的合作伙伴。“与李政道的关系，我想用苏轼送给他弟弟的一句诗来形容：‘与君世世为兄弟，更结来生未了因。’”这也是杨振宁最喜欢的诗句。

15

走出象牙塔

1965 年春天，普林斯顿高等研究院院长奥本海默告诉杨振宁，他打算从普林斯顿高等研究院院长的职位上退休，他向董事会推荐了杨振宁做他的继任人。杨振宁告诉奥本海默，自己不想担任这个院的院长。奥本海默让杨振宁经过考虑再决定。杨振宁在一封给奥本海默的信中说：“我是否当一名出类拔萃的院长是值得怀疑的，但毋庸置疑的是，当研究院院长绝不会让我高兴。”

早在到普林斯顿前，杨振宁的老师费米就曾经忠告他，普林斯顿高等研究院是一座名副其实的象牙之塔，与世隔绝，如果在那里面待

得太久，对思想、学术的发展并非一件好事。他劝杨振宁在那里研究一两年以后就要换到更开放、活跃的学术环境里去继续发展。

1965 年春，杨振宁突然接到一个长途电话，是托尔教授打来的。托尔也是研究理论物理学的。他说想来看杨振宁，杨振宁说非常好啊。过了两天，他来了，告诉杨振宁纽约州成立了一所新的大学，叫做纽约州立大学石溪分校。他已经接受了校长的位置，即将就任，希望杨振宁接受该校的爱因斯坦讲座教授的职位。托尔希望在石溪分校建立一个理论物理研究所，由杨振宁担任所长。这是一个非常小的研究所，管理起来极容易。考虑了几个星期以后，杨振宁接受了他的邀请。

1966 年夏天，杨振宁离开普林斯顿高等研究院，前往纽约州立大学石溪分校主持理论物理研究所的研究工作。

普林斯顿高等研究院是一个有名的研究机构，是一个最成功的、名副其实的象牙塔。杨振宁在普林斯顿高等研究院前后 17 年。那是杨振宁一生之中研究工作做得最好的时期。那么，为何要走出象牙塔？这个问题，从那时候直到今天，经常有朋友问杨振宁。他们问走出了象牙塔是否后悔，杨振宁的回答始终是：不后悔。

他认为是自己“走出象牙塔”，重新出发。杨振宁说：“我做了这么多年非常成功的研究工作，又是在一个非常漂亮、非常合理想的象牙之塔工作，为什么我要离开呢？这个问题很多人后来问过我，我后来当然也问过我自己，这个回答其实是很清楚的。象牙之塔里面是一个人可以有机会做很重要的工作的地方，可是世界非常之大，象牙之塔外还有许多也是非常重要的工作，能够参与创建一个新的重要的大学，能够影响更多的年轻人的前途，这个也是人生非常重要的工作。所以我在那个时候决定离开象牙之塔到斯顿得伯格（石溪）。在斯顿得伯格，我前后工作了33年。”

放弃万人羡慕的象牙之塔，重新开始一段旅程，不为别的，就为了给更多的人创造机会。这种情怀，叫做大爱。

16 在物理学领域的最高成就

1995 年 5 月 4 日，美国富兰克林学会将 1994 年度的鲍威尔科学成就奖颁发给了杨振宁，就是为了表彰他在建立规范场理论中所做出的杰出工作，并确认他是能够同牛顿、麦克斯韦和爱因斯坦齐名的世界物理科学大师。

美国富兰克林学会是美国最具权威的学术研究机构之一，这个学会颁发给杨振宁的鲍威尔科学成就奖，是美国奖金额最高的科学奖。杨振宁是获得这项殊荣的第一位物理学家。在授予杨振宁鲍威尔奖的时候，学院对他的工作予以高度的评价，认为杨－米尔斯规范场理论是 20 世纪研究亚原子粒子相互作用的杰作之

一，此理论在近 40 年内彻底改变了物理同现代几何的发展，还将影响以后的发展。

那是在 1953 到 1954 年，杨振宁在访问布鲁克海文国家实验室期间，与和他同一间办公室的研究者米尔斯一起提出了非阿贝尔规范场理论，这就是著名的杨 – 米尔斯规范场理论。这种场与叫做阿贝尔规范场的电磁场不同，是一种有非线性相互作用的场。这种场与其他粒子的相互作用，也由规范不变性原理确定了。非阿贝尔规范不变性及其相关的规范场论，是划时代的理论，为整个粒子物理学将来的发展确定了最基本的原理和方程。自然界中存在着四种基本相互作用：强作用、电磁作用、弱作用、引力。现在知道，有两种力（强力、弱力）是基于杨 – 米尔斯非阿贝尔规范场的数学结构。

遗憾的是，经历了很多年的冷寂和疑惑以后，科学界才认识到它的重要价值。

在 20 世纪 50 年代初，实验上发现了很多新的粒子，这些粒子有一种性质叫做“同位旋”，杨振宁的规范场就是结合电磁学中的规范场与粒子的同位旋，进而找到一个崭新的有关联的相互作用的基本定律。当时的物理学界并不是很肯定这个理论，大多数物理学家觉得杨－米尔斯规范场理论是个很“漂亮”的定律。

经过十多年的沉寂，到了1972年，杨振宁的规范场——这个非常简单而又非常漂亮的数学结构被正式承认是物理的一个基本结构，是完整的弱相互作用理论的基础。

1979年，三位物理学家因为在其中发展出结合电磁力和弱作用力的电弱理论，而获得当年的诺贝尔物理学奖。电弱理论的实验也在1983年获得成功，找到传递电弱力 $W^{\pm}$ 和“Z^{o}”粒子的科学家也获得了1984年诺贝尔物理学奖。

这时，大家把杨－米尔斯规范场理论与麦克斯韦的电磁场理论、爱因斯坦的广义相对论和狄拉克的量子力学与量子电动力学相提并论，认为今天物理学研究的最基本的、最主要的就是场。到现在为止有三个场，第一个场是麦克斯韦的电磁场，第二个是爱因斯坦的引力场，第三个是杨振宁的规范场。

可以说，杨－米尔斯规范场理论同弱电统一理论，使爱因斯坦的统一场论思想见到了曙光。它解决了爱因斯坦后期30年不能解决的难题，在人类的科学史上写下了光辉的一页。为此，1995年美国费城富兰克林学会向杨振宁颁发全美奖金最高的鲍威尔科学成就奖，美国“氢弹之父”泰勒坦率地指出，杨振宁在规范场理论方面的工作“应该第二次获得诺贝尔奖”。

理论物理学界是如此评价杨－米尔斯规范场理论的：

“杨－米尔斯规范场理论是继麦克斯韦的电磁场理论、爱因斯坦的引力场理论、狄拉克的量子理论之后的最为重要的物理理论，在物理学上，比起‘宇称不守恒’来，它的贡献还要基本，意义还要深远。”

所以说，杨－米尔斯规范场理论是杨振宁在物理学领域的最高成就。

17

一粒沙里有一个世界

学贯中西，特别是对中国古代文化的深刻认识，使杨振宁对自然界有着深刻的洞察力，大自然的美丽与思想的魅力，是他登上物理学象牙之塔的动力所在。

“一粒沙里有一个世界，一朵花里有一个天堂，把无穷无尽握于手掌，永恒不过是刹那时光。”这是英国诗人、艺术家威廉·布莱克在200年以前所写的一首诗，也是杨振宁所欣赏的一首诗，并经常用来形容物理学中理论架构的深意。大家小时候对一首诗的认识、了解和欣赏，跟到了中年、老年是不尽相同的。

杨振宁深深地沉醉在物理学这个广袤无垠

的世界，他无时无刻不在思考探寻着物理学的美、物理学的意义以及物理学的将来。

杨振宁对物理科学的发展，具有什么样的观点呢？他认为物理科学最基本的原则，是要去了解基本物理现象的总体结构，这种结构要通过许多以前的实验和理论知识而获得了解，再将这种了解与新观察到的现象结合起来，看看是不是可以得到更高一层的了解。

他认为物理学不只是积累知识：积累知识确实是物理学的一部分，然而在基本物理上，它并不是最重要的，最重要的是对这些积累起来的知识的相互关系有一个准确而简单的了解。

关于宇称不守恒的研究，杨振宁认为："从十分复杂的实验中所引导出来的一些对称性，有高度的单纯与美丽。这些发展给了物理工作者鼓励与启示，他们渐渐了解到自然现象有着美妙的规律，而且是他们可以希望了解的规律。"

杨振宁非常重视物理学的美感。他认为，物理学有 3 个领域，每个领域有不同的美。第一是实验的领域，第二是唯象理论，第三是理论架构，与数学比较接近。

美与物理学是什么关系？杨振宁以虹和霓很美的表面现象

为例子，更进一步地说明折射与反射现象本身，能够从一个包容万象的麦克斯韦方程推算出来，显示了很深层的理论架构美。杨振宁认为，牛顿的运动方程、麦克斯韦方程、爱因斯坦的狭义与广义相对论方程等用精炼的数学语言写出了物理世界的基本结构，能够说它们是造物者的诗篇。他引用布莱克的不朽名句来描述：一粒沙里有一个世界，一朵花里有一个天堂，把无穷无尽握于手掌，永恒不过是刹那时光。

杨振宁甚至认为，连最美的诗句也不能尽善尽美地表达物理学的美。他说："在牛顿去世时，一个大诗人蒲柏写了这样两句：'自然与自然规律隐藏在黑暗中，上帝说让牛顿来，于是一切遂成光明。'这些用诗人的语言来描述物理学的美，当然是描写得很好，可是我觉得不够，当我们知道一个物理学的基本结构能够准确解释那么多的复杂现象时，还有一些美的感受，是诗人所没有写出来的，是什么感受呢？是一个庄严感、是一个神圣感、是一个第一次看见宇宙的秘密的时候的畏惧感。正如哥特式建筑的建筑师，他们在设计哥特式建筑的时候，他们所要歌颂的是崇高美、灵魂美、宗教美，是最终极的美。"

杨振宁十分欣赏物理学家狄拉克的文章，并且说他有一种秋水文章不染尘的感觉，没有一点渣滓，你跟着他走总觉得妙不可言，而且最后得出的是没有人可以预先想象得到的东西。杨振宁引用高适《答侯少府》中的诗句“性灵出万象，风骨超常伦”来描述狄拉克方程和反粒子理论。

在品味和风格方面，杨振宁所欣赏的大物理学家则是爱因斯坦、狄拉克和费米。他认为三人的风格虽不一样，但其共同点是都能在非常复杂的物理现象中提出其精髓，然后把这种精髓通过简单但深入的想法，用数学方法表示出来。三人的文章都是单刀直入，正中要害的。对于提出量子力学基础测不准原理的海森堡，杨振宁虽然也认为他是20世纪的大物理学家，但是却不能欣赏他的研究方法。

杨振宁认为物理理论的发展，有两条并进的道路，一条主体的中心方向是要与实际结合，一条是要以结构的美为中心要点。在不一样的时候，一条道路比另外一条道路来得更宽广，不过这两条道路都是必要的。

可以用萨缪尔森的一句话来形容杨振宁的学术生涯：“我更多地寻求的是一种开放感，不完全感，并竭力探索一种未知的世界，而不是封闭的形式。”

18

『保守的革命家』

物理学家弗里曼·戴森在文章中这么形容杨振宁：保守的革命家，虽然真正需要革命和突破时，他也会突破传统的理论，但他同时也是一个非常保守的人。他说话也好，行为处事也好，都是十分谨慎的。这一特点，也反映在他的两个影响世界的科学成就上。弗里曼·戴森认为，杨振宁提出的非阿贝尔规范场理论对科学界的影响甚至超过了为他赢得诺贝尔奖的宇称不守恒定律。因为后者是一种挑战既定思维、敢于冲破桎梏的创举，而前者则是为全新的科学理念结构奠定基础，并经过30年的努力才看到的成果。而他在科学研究中对这种创建性研究的偏好，对传统的尊重和维护，受到中国传统文化和西方文化的影响，也受到吴大猷与费米两位中西文化导师的极深影响，所以对于西方科学的优良传统和源远流长的中华文化，他都一样珍视。

杨振宁是当今世界科学界获得最高成就的学者之一，但是他做人却一向谦虚、随和。这就是杨振宁高尚品质，也可以说是东方传统文化的体现。他这种品质明显表现在待人方面。杨振宁对任何人，不论是有地位的年长学者，还是年轻学者，或者普通工人，都平等对待，从不摆架子，不以权威的态度与人相处。遇到有他不太懂的问题，他总是用诚恳的态度请教对方。杨振宁这种谦虚态度一点也不造作，而是自然表现出来。他这种作风是从小养成的，与他的家庭教育息息相关。

杨振宁为人与做学问一样非常诚实、不浮夸，不炫耀自己的地位。他这种诚实有时也造成他的一些研究没有迅速被接受，常常要待事实来验证。他极少为自己的工作打广告或推销。杨振宁偶尔也发表一些与事实不符合的评语或者发表一些不正确的论点，而当他知道自己的观点不正确的时候，他总是迅速公开承认。他这种光明磊落、是非分明的态度是非常难得的。

杨振宁做人的目标始终如一，对人对事都讲究原则。假如他觉得应当做的、符合他的原则的，他不会在任何压力下更改他的主意或者行动。杨振宁也非常守信用。他尽管非常繁忙，但答应他人的事情，总会全力以赴，从不开空头支票。在很多问题上他为了原则，不得不得罪人，不迎合潮流，然而他还是不更改他的看法，坚持下去。他有坚强的个性，而且做事信心十足。不过，他并不固执或者盛气凌人，而是最愿意听取他人的意见。他讲原则的作风与谦虚的态度是相互配合，而不是相互矛盾的。杨振宁这种讲原则、不逢迎以及追求真理的品德，可以说是继承了中国传统读书人的优良传统，使我们联想到古代诗人屈原和近代作家鲁迅的崇高形象。

总之，杨振宁可以说是东方传统与西方文化融合的结晶。他集天才与勤奋、伟大与平凡、创新与求实于一体。他就是他：一个目标始终如一，有思想、有毅力、有耐心的人，他的成就令人称道，他的为人令人赞叹。

19

好奇心和学习方法

有一次，杨振宁在科学讲坛上说道：“很多人认为物理学是很难的学问，其实不然。研究物理学的动力是好奇心，有了好奇心，钻研物理就不难了，而研究的结果常常可以改造人类的生产力，为人类带来福利。”

这时，有一个听众问他：“好奇心是研究物理学的动力，那你自己对物理学最初的好奇心是什么？”

杨振宁回答说：“实际上，我们每个人对物理学都有先天的认识，或者说是本能的物理知识。而在物理学里，如果你的直觉或本能的物理知识跟书上告诉你的和文章告诉你的不一

样了，那就是最好的学习机会。仔细弄清楚以后你就会得到一个新的物理的直觉……很多新的直觉加起来以后你就变成一个很好的物理学家了。”

在初中阶段，杨振宁对物理十分好奇。最令他感兴趣的，是开明书局出版的《中学生》月刊上的物理知识。正是他的这一好奇心，使得他接触到二十世纪二三十年代物理学界最重要的发现——爱因斯坦的相对论和狄拉克的量子力学。对当时还仅是一个初中生的杨振宁而言，不可能懂得这些深奥的内容，可是已经给了他深刻的印象，以至若干年以后他终于走上了以物理为终身事业的道路，这一个阶段的接触和影响是非常重要的。

好奇心是对新事物进行探究的一种心理倾向，如果我们的好奇心成功地转移到探究知识上，这种好奇心就会升华为求知欲，成为主动进行创新思维，追求知识的强大动力。

除好奇心之外，还要有独创性。杨振宁认为，做研究工作到最后必须要有自己的东西，否则不大可能有所建树。这当然并不是说一开始就非要独创一家不可，学问是积累起来的，须先学习别人的东西，然后才可能有自己的见解。不过，在学习到相当程度以后，一定要发展自己的见解，不能老跟着当时的“权威”跑。独立思考是有所创见的基础。所以，“一个研究生最重要的是训练独立思考的能力，而不只是一个只会专门做一件事情的人”。训练独立思考能力需正确处理知识与能力的关系，知识只有有利于创造才有价值。

杨振宁还提倡要善于渗透式地学习。他在《读书教学四十年》中写道：学习有两种方法，一种是按部就班的，另一种是渗透性的，后者就是你不太懂的时候，感觉好像乱七八糟摸不到头脑，其实你已经学习了很多东西——在不知不觉中，经过一段时间的接触，连自己也不知道什么时候就懂了。这是一种界于有意学习和无意学习之间的学习方法，能够获取更多的知识信息，具有开放性、渗透性。

他认为循序渐进地学习知识是必要的，可是也可以采取渗透式学习方式。开始学习或研究的时候，必须先提出问题，看问题中哪些是自己清楚的，哪些是自己不清楚的，对不清楚的知识必须积极钻研。

他还认为：既然知识是互相渗透和扩展的，掌握知识的方法也应当与这些相适应。当我们专心学习一门课程或潜心钻研一个课题时，如果有意识地将智慧的触角伸向邻近的知识领域，必然别有一番意境。在那些熟悉的知识链条中，则很有可能得到意想不到的新发现。对于那些相关专业的书籍，如果时间和精力允许，不妨拿来读一读，暂时弄不懂也没关系，一些有价值的启示，也许正产生于半通之中。采用渗透性学习方法，会使我们的视野开阔，思路活跃，大大提高学习的效率。

在著名物理学家中，杨振宁是对学习方法问题发表见解最多的人。他没有亦步亦趋地跟在学习理论家后面，也没有主观臆断，而是不断总结自己学习和研究的经验，提出自己的主张。例如，他将学习方法划分为“推演法”和“归纳法”。他说，在西南联大，他跟吴大猷研习分子光谱学与群论之间的关系，研习的方法主体是推演法，即从数学推演到物理的方法。而跟泰勒学习着重的是归纳法，是从物理的现象引导出数学的表示。归纳法的起点是物理现象，从这个方向出发，不易陷入形式化的泥坑。他曾说过：“在联大我有了一个扎实的根基，学了推演法。到了芝加哥受到新的启发，学了归纳法，掌握了一些新的研究方法。两个地方的教育都对我以后的工作有决定性的作用。”

杨振宁对世界永远保持着好奇心，他的好奇心不只是在物理学，社会、政治、经济、文学等学科无所不包，他一生保持着严谨心观察至细，同时还能仰观宇宙之大。他在普林斯顿高等研究院的同事、美国物理学家费曼·戴森曾写道：科学家有两种：一种像鸟，飞得很高，纵观全局；还有一种是青蛙，守住一个区域，比如井底或者池塘边，在一个很小的范围内做得很仔细。而杨振宁却是第三种科学家，他既能拥有飞鸟般广阔的眼光，又能坚守某一区域，俯瞰事物的每一个重要细节，有自由的眼光，能够同时近观和远看。也正因此他才能提出宇称不守恒定律、杨－米尔斯规范场等理论。

20 亲亲孝子

“亲亲而尊尊，生者养而死者藏（葬）。”杨振宁从小受中国传统文化的影响以及代代相传的家庭伦理的熏陶，保持着中国人特有的孝道。他敬待自己的父母，与父母之间的亲情非一般人可比。

杨振宁十分尊敬父亲。1951 年，当杨振宁的第一个孩子在美国出生的时候，他便写信给万里之外的父亲杨武之，请父亲给孩子起名。杨武之写下两个字：光诺。这两个字寓意深远，他借给孙子起名的机会，以表达自己美好的愿望，来提醒杨振宁，当年争取得诺贝尔奖的诺言一定要实现。杨振宁心领神会，将这两个字转化为无穷的力量。

在杨振宁做博士后的时候，朝鲜战争发生了。中国与美国的关系陷入高度紧张，这时美国的总统杜鲁门颁发一个法令：在美国，中国籍而得到理工博士学位的人，不准回中国。敌对的情绪让很多身在美国的华人，迫不得已与老家的亲人断绝了联系。可是杨振宁对家人却表现出与其他华人不同的态度。

杨振宁觉得，他同父母兄弟姊妹通消息天经地义，不怕别人来找麻烦。因此杨振宁一直是与家人保持联系的。

然而，这样的电话联系远远缓解不了对家人的思念之苦。特别是杨振宁知道父亲杨武之生病住进了医院，更是思之心切。于是，杨振宁千方百计寻找与父母相见的机会。

1957 年 7 月，杨振宁准备到日内瓦参加学术会议。为了让妻儿与父母团聚，他带上了杜致礼和大儿子杨光诺，然后写信给父亲杨武之，邀父母到日内瓦见面。当时，杨武之因多年患糖尿病，身体十分虚弱。他获得儿子的消息后，精神得到很大安慰，病况一下子好了不少。

在获得统战部门的允许以后，杨武之经北京、莫斯科、布拉格，一路住医院，于 7 月初飞抵日内瓦，到达后又马上入住医院。

几天之后，医生认为他能够出院了，但每天要自己检查血糖和注射胰岛素。杨振宁为了治好父亲的糖尿病，特意租了一套公寓，让全家人都住在一起。每天早晨，杨光诺很有兴趣地看着祖父用酒精灯检查血糖，然后天真烂漫地跑到父亲面前报告祖父的病情，“Father，it is not good today，it is brown”（爸爸，今天不好，棕色），或者“It is very good today，it is blue”（今天非常好，蓝色）。过了几个星期，杨武之身体渐渐恢复健康，可以与孙子光诺到公园散步。每次看到老父亲和光诺一老一少出门散步，杨振宁的心里都感到十分满足。

1960 年与 1962 年，杨振宁一家曾两次与父母在日内瓦相聚。每次见面，他们都十分高兴地拥抱在一起，热泪盈眶。杨武之和妻子每次到日内瓦，除了想见见杨振宁之外，还带着特殊的使命——受统战部委托，劝杨振宁回国。其实，杨武之对是否劝杨振宁回国一直犹豫不决：一方面希望振宁从美国回来，报效祖国；另一方面又觉得振宁留在美国，对他的学术研究更有好处。

1962 年夏天的一个晚上，杨武之笑逐颜开地说：“毛主席说得非常好，中国人民真正站起来了……过去，我们国家不会造一根针，今天能够制造汽车和飞机了；过去经常有水涝旱灾，动辄死去几百万人，今天完全没有了……”杨武之正说得高兴，妻子罗孟华打断他的话，说：“你不要专讲这些，那天我摸黑起来去买豆腐，排了三个多小时队，还只买到两块不整齐的，有什么好？”杨武之见妻子在儿子面前这样说，以为会让儿子对新中国产生错误的印象，十分气愤，走进了卧室，“砰”的一声将门关上了。

杨振宁是很有思想的人，听了父母的话之后认真地考虑了一下，感到父母亲说的都是事实，并无矛盾。

1964 年他们一家人又在香港见面时，隔壁住的是以保护他们为名的警察。杨振宁猜测这些都与他当年的核物理研究方向有关系。然而即使是这样，杨振宁并没有放弃每一次与家人团聚了解中国的机会。

当杨振宁准备在适当的时候再回国看望父母时，“文化大革命”开始了，杨武之以“里通外国”“封、资、修的孝子贤孙”等罪名，被隔离审查。在百般迫害与折磨下，杨武之的糖尿病已非常严重，生命危在旦夕。1970 年，在周恩来总理的亲自过问下，杨武之才被解救出来。杨振宁得知父亲的病情后，心里十分痛苦，非常想回国探望。然而，由于种种阻碍不能成行。

遥望明月，海外的游子，对父母的思念之情只能寄于梦中。亲情是人世间最美妙的东西。亲情，就像迷茫中的一块指路牌，为杨振宁指引前方的道路；亲情，就像一盏灯，照亮杨振宁应走的人生；亲情，就像一杯茶，可以温暖杨振宁的心灵。

1971 年 1 月，美国解除了美国公民不准去中华人民共和国旅行的禁令。杨振宁十分高兴，马上给父亲写了信，说他要回祖国看望父母。杨振宁的父亲迅速把这个消息报告给国务院，国务院表示欢迎杨振宁归来。就这样，杨振宁回到阔别二十六年的故土，他先去上海华山医院看望了父亲。

1972 年夏天，杨振宁第二次回国探亲。父亲仍然住在医院，身体更虚弱了。见到儿子，他十分高兴，强撑着病体与儿子交谈，关心他的科研事业。这是父子俩最后一次见面。

1973 年 5 月 12 日杨武之长辞人世。父亲的辞世，对杨振宁打击很大。在父亲的追悼会上，杨振宁说："父亲一生贯彻'忠'与'厚'二字……作为他的儿子，我的身体里流淌着的是父亲的血液，是中国文化的血液。这两年我回国探亲，父亲和我谈了许多，归结起来就是要我把眼光放远，看清历史演变的潮流。"

如何“把眼光放远”？如何“看清历史演变的潮流”？这两句话绝不是一般的家常絮语，而是老人在垂暮之年留给杨振宁后半生的思考题。

对于杨振宁来说，父亲对他的影响是一生的，他的身体里流淌着父亲的血液，中华文化的血液。父亲看着他成长、成才、成功，以一生的时光践行着“忠厚传家”“诗书继世”的家族传统。

21

加入美国籍的心路历程

1964年，也就是杨振宁获得诺贝尔奖7年之后，他加入了美国籍。这对杨振宁来说，是一次很重要的决定。

杨振宁与父亲的赤子之情是一脉相承的。当年杨武之在美国获得了博士学位，在美国谋生是没有问题的，但他一心只想回来报效祖国。杨振宁尽管身在美国，可是他心灵深处无时无刻不在思念大洋彼岸的故乡，每次谈到祖国，眷念之情溢于言表。

父亲杨武之三次到日内瓦与杨振宁见面，除了倾诉亲情之外，还扮演着“特使”的角色。他带着两个使命，一个是国家的使命，另一个则是家庭的使命，二者目的是一样的，那就是期望杨振宁回到祖国大陆。杨武之给儿子和儿媳写的两句诗中表明了这一心迹："每饭勿忘亲爱永，有生应感国恩宏。"

但是，杨振宁的"回归"之路一波三折。杨振宁在做博士后的时候，朝鲜战争爆发了，美国人不想当时的中国发展科技，所以禁止在美获理工博士学位的中国籍学者回国。后来，杨振宁登上世界科学巅峰之前，在美国的中国学者出现了一而再、再而三的"公民危机"问题，杨振宁在美国目睹并经受了外国移民遭受的不公正待遇。当他成为一位具有世界影响的科学家以后，在住房等问题上依然受到一定歧视。

"60 年代初的一天晚上，我在去布鲁克海文实验室的途中乘火车从纽约去帕巧格。夜已经很深了，摇摇晃晃的车厢内空荡荡的。一位老人坐在我身后，我便和他搭起话来。他是浙江人，大约生于 1890 年，旅美已经 50 余年，有时以洗衣为业，有时给餐馆洗碗碟。他没有结过婚，总是一个人孤零零地住在一间屋子里面，他对人显然十分友善。我心里想，难道这意味着他没有痛与恨？车到贝肖，老人蹒跚地顺着灯光惨淡的过道走到车尾，颤巍巍地下了车。看着他那被岁月压弯了的脊背，我心里充满了悲哀和愤怒。”

歧视虽然不似早年那样猖獗，但在杨振宁所处的年代仍然存在。杨振宁在普林斯顿附近一个住宅区订购了一所住宅。然而几周后业主却要退还保证金，原因就是杨振宁、杜致礼夫妇是中国人，出售给中国人会对他出售其他住房不利。杨振宁怒不可遏，找到了一个律师。这个律师却劝他不要起诉，因为几乎没有胜诉的机会。

杨振宁对这件购屋被退保证金，而有理无处申诉的事情耿耿于怀。而最使他痛苦和困惑的是他所喜爱的科学事业，“每每因不是美籍而多受掣肘”，他不能去美国国立实验室学习和工作，这些地方“华人不得入内”。为了科学事业，为了突破“有不少因素”使他“裹足不前”的障碍，为了在美国寻求“发挥自己潜力的机会”，杨振宁在 1964 年初作出了加入美国国籍的抉择。这一决定几经挣扎迟疑，入籍之后他仍然耿耿于怀，怕父亲到死不会原谅他“抛乡弃国”之罪。

他说：“从 1945 年到 1964 年，我在美国已经生活了 19 年，包括了我成年的大部分时光。然而，决定申请入美国籍并不容易。……对一个在中国传统文化里成长的人，做这样的决定尤其不容易。一方面，传统的中国文化根本就没有长期离开中国移居他国的观念。迁居别国曾一度被认为是彻底的背叛。另一方面，中国有过辉煌灿烂的文化。她近一百多年来所蒙受的屈辱和剥削在每一个中国人的心灵中都留下了极深的烙印。任何一个中国人都难以忘却。”

从只身漂洋过海的闯荡到功成名就后的奔波，杨振宁目睹了一幕幕美国社会的悲喜剧，目睹了外国移民或者“二等公民”在这里的境况。要知道，一直到 20 世纪 20 年代美国还有排华法。

加入美国国籍，杨振宁是怀着十分矛盾的心情作出这个决定的。

虽说已经加入了美国国籍，但在杨振宁的心里却一直关心、怀念着自己的祖国，这种感情并未因为时间的变迁、国籍的更改而动摇过。在各种场合下，他每每都会回忆起在中国生活、学习的情景，正如他在获诺贝尔奖仪式上的讲话中所提及的那样，为自己的“中国根源和背景感到骄傲”。

都说时间可以冲淡一切，但杨振宁却似乎始终不能原谅自己当初的选择，1982 年，是他加入美国籍的第 19 个年头，他在一篇文章中心情沉重地写道："我知道，直到临终前，对于我的放弃故国，他（父亲）在心底里的一角始终没有宽恕过我。"

22

回到阔别二十六年的故土

在中美关系史上，先后有毛泽东主席邀请他的老朋友——美国著名记者埃德加·斯诺走上天安门以及1971年“乒乓外交”等震惊中外的大事，这一系列重要信号预示着中美关系即将解冻。

杨振宁说：“在1971年的时候，最重要，对于我有大影响的是乒乓外交。然后又过了不少时候呢，《纽约时报》登了很小的消息。说是在那个以前呢，美国人的护照上有一项是说这个护照在底下这些国家不能用，其中一个就有中华人民共和国，我记得有四个国家。突然，报纸上又登了一个小消息，说是不可以用的那

个国家的名单里头，中华人民共和国取消掉了……很小的一个消息，我注意到了。所以我就知道，这是现在有文章在里头。”

正是这种敏锐，使得1971年成为杨振宁一生中的重要转折。他马上计划重回故土，成为中美冷战期间第一个访问中国的美籍华裔科学家。这也为20世纪70年代中美的外交，铺陈出浓重的一笔。而杨振宁之所以作出了这样在当时看来非常大胆的举动，则是缘于一种纠缠于内心深处多年的中国情结。当他得知乒乓外交的信息以后，马上给父亲杨武之去信，要求回国探亲。忐忑不安地，父亲杨武之把这事向有关方面作了请示汇报。很快，杨武之教授就接到来自国务院的答复：“欢迎！到中国驻法大使馆去签证。”当时中国和美国之间未建交，很多中美之间的重大外交谈判都在巴黎进行。

就这样，杨振宁就成为1949年中华人民共和国成立后成绩卓著的美籍华裔科学家前往中国访问的第一人。

1971年7月20日，杨振宁乘坐法国航空公司的飞机，从巴黎机场出发，踏上了他的归国之旅。飞机经过十几小时的飞行，从缅甸进入中国云南省上空。空姐报告说：“我们已经进入中国领空！”这一刻，杨振宁激动得流下了热泪。阔别二十六年，终于回到故土。

飞机傍晚时分降落上海虹桥机场，一下飞机，杨振宁哪里也不去，马上直奔华山医院，看望躺在病床上的父亲。父亲住院已经半年，六年之前，他见到的父亲还非常健康。六年之后，饱尝疾病之苦的父亲，显得苍老许多，消瘦许多，一脸病容，已经不能自己站立行走。老人见到海外归来的儿子，感慨万千，老泪纵横，半天说不出话来。

两年后，杨武之教授在华山医院去世。这位老人离去时的神情非常安详，因为他为祖国、为世界奉献了一个优秀的儿子。而且，在他有生之年，终于可以与远隔重洋的儿子在自己的祖国重逢。

在一个月的行程当中，杨振宁先后访问了上海、北京，回到家乡合肥，还专门参观了在“文革”中赫赫有名的山西省昔阳县大寨。在合肥市，他找到了自己出生所在地——西大街四古巷老宅，解放后已经改名为安庆路三一五号；在北京，他重访了青少年时期生活的清华园西院，其间拜会师长，探访过去同窗友好，访问科学院物理研究所，参观故宫，登上长城，还举行了多次的座谈会……每到一处，每看到一些以前的师友或者新认识的人，杨振宁都感到非常新鲜、非常兴奋。

游子漂泊他乡，各有各的原因，游子思念故乡却都是一样的。

1971年杨振宁中国之行过程中也第一次拜见了岳父杜聿明，并与岳父一家一起受到了周恩来总理的亲切接见和宴请。

1971年7月28日，周总理在人民大会堂亲切接见并宴请杨振宁及其家属。周恩来总理同杨振宁亲切交谈，谈话内容从科学研究、社会问题、国际动态到家庭生活，毫无拘束。

1973年夏天，杨振宁回国探亲讲学，到达北京不久，周恩来总理在人民大会堂安徽厅举行宴会，宴请杨振宁夫妇。杨振宁夫妇与周恩来总理再次相见，觉得周恩来总理十分平易近人，一点也不拘束，说说笑笑，如同家人。

在北京，杨振宁故地重游，一待就是10天。他住在长安街的北京饭店。在他房间的墙上，挂着水印木刻的毛泽东主席的墨迹："为有牺牲多壮志，敢教日月换新天。"杨振宁看着这两句诗想了很多。新中国成立以后的几十年间，在毛泽东主席与中国共产党的英明领导下，青年人梦寐以求的愿望实现了。杨振宁觉得毛泽东主席很伟大，对他非常崇拜，很想见到他老人家。他提出拜见毛泽东主席的要求，很快便接到通知，毛泽东主席要接见他。1973 年 7 月 17 日下午，杨振宁被时任北京大学副校长的周培源陪同前往中南海，他如愿见到了毛泽东主席。

毛泽东主席接见美籍科学家，这在新中国历史上还是第一次，当晚中央电视台就播发了这一条消息。毛泽东主席与杨振宁谈笑风生的动人画面震动了美国，也震动了全世界。

杨振宁先后四次回祖国探亲，在国际上引起巨大的反响。这期间有陈省身、李政道、何炳棣、任之恭、王浩、牛满江等 100 多位美籍华人科学家来到祖国访问，从而打开了祖国与国外的科学交流大门。

23

架起中美友谊的桥梁

杨振宁谨记父亲杨武之的遗训：有生应感国恩宏。他说：“作为一名中国血统的美国科学家，我有责任帮助这两个与我休戚相关的国家建立起一座了解和友谊的桥梁。我也感觉到，在中国科技发展的道途中，我应该贡献一些力量。”

杨振宁 1971 年首次访问中国后，感受到祖国翻天覆地的变化，对祖国之伟大感受更加深刻，此后为中美两国关系正常化下了很大功夫。在美国时，为了能够有朝一日回到祖国，他在此前 20 多年的时间里始终有意识地避开美国核武器制造的相关单位和部门，比如第二次世界大战时期制造原子弹的洛斯·阿拉莫斯国家实验室，他绝对不去，以免到时为此而影响他的归国之行。

1971年返回美国后，杨振宁在包括美国国会的多个场合发表演讲，向美国人介绍中国的建设发展情况，在美国引起了很大轰动，也让美国人更加了解中国。因为杨振宁在学术上的地位，他常到欧洲、南美洲、东南亚、日本等地去讲学或者访问，大家常常都要求他作关于中国情况的报告，他在这方面的报告，对当地的华侨产生了非常大的影响。很多美国人，特别是科学家对中国抱有友好的态度，愿意与中国交往，杨振宁的宣传功不可没。

1977年他与何炳棣、梁恩佐等人在波士顿创办了全美华人协会， 杨振宁以他的学术地位和影响力被推选为会长。他们奔走于美国的唐人街，希望团结当地华人，向美国政府施加压力，促进中美建交。这年2月27日，杨振宁以全美华人协会负责人的身份，在美国与他人共同发起成立全美华人促进美中邦交正常化委员会，并花费8000美元于2月27日的《纽约时报》上，整版刊登广告启事——《致美国卡特总统公开信》。它全部用英文书写，旁边加上八个中文文字："亡羊补牢，犹未为晚！”这个委员会分成四个分会：华盛顿委员会、北加州委员会、南加州委员会、纽约委员会。纽约委员会以杨振宁为首。

他担任全美华人协会首任会长不到两年，便赶上1979年1月邓小平访问美国。杨振宁和其他华人组织代表在纽约希尔顿饭店设宴招待当时访美的邓小平。在这个盛会上，杨振宁发表了题为“建造友谊桥梁的责任”的欢迎词。

他在欢迎宴会上满怀深情地说，中美建交“是近代史上的分水岭性的发展，国际关系从今开始了新纪元……邓副总理，您的光临使得在座的500多位主人每人都感到他自己也在中美建交这个划时代的历史事件中出了稍许的力量，也在美中两大民族间的友谊桥梁的建筑工程中放上了几块小小的基石”。

为了中美关系正常化，杨振宁到处奔走，做了很多工作。每逢《上海公报》签字的纪念日，杨振宁等就在美国各重要英文报纸上刊登巨幅广告，呼吁美国当权者遵守《上海公报》诺言。同时，他们还组织针对美国白宫、国务院以及国会方面的游行示威，在电视、电台发表谈话，到美国各地演讲，向美国人民阐述美中关系正常化的重要意义。

20世纪80年代，在美国参众两院里没有华人的席位。在美国国家科学基金董事会里，有黑人，有波兰人，可是却没有中国血统的人。杨振宁每当想起这些，心中就十分不安。1984年，时任特拉华州立大学物理系教授兼校董事的吴仙标先生宣布竞选特拉华州副州长，这一举措获得了美国很多知名华裔人士的支持和赞助。杨振宁马上发起组织了一个支持吴仙标的委员会，其成员有：白宫出口委员会副主席陈香梅、著名建筑师贝聿铭、旧金山州立大学校长吴家玮、电脑巨子王安等。由于吴仙标的才华和很多华人的大力支持，他成功地成为当时在美国政坛上担任职务最高的华裔人士。

2000年，杨振宁在石溪会见中国驻纽约总领事张宏喜的时候，建议中国应该在清华、北大、复旦等著名大学设立一些由专家组成的研究机构，或美国问题研究所，在美国的专业刊物上发表不同的意见，从而影响美国知识界对中国问题的看法与意见。

杨振宁说："我们同时扎根于中美两大民族的文化，对增进两国间的友好和了解，肩负着特别的责任。没有两大民族间友谊的桥梁，世界不可能有真正的和平与安定。”

修身、齐家、治国、平天下，这是中国传统知识分子一生的追求，而他这一生也在追求着修、齐、治、平的境界。

24

母子情深

1986 年，杨振宁应香港中文大学校长马临的邀请，出任特别为他开设的香港中文大学博文讲座教授，每年春夏期间到香港中文大学讲学。杨振宁应聘香港中文大学，是头一次有诺贝尔奖学术地位的学者来港任教，提高了中大和香港整体的学术地位。香港中文大学给杨振宁在教授宿舍配备了一个单元，周围环境良好，生活也十分方便。

由于上海的冬天非常寒冷，对老人家健康不利，而香港地处南方，气候温暖，又靠近广州，往来方便，所以杨振宁在出任香港中文大学博文讲座教授以后，多次把母亲从上海接来香港

小住。

在母子相聚期间，香港中文大学校园内及附近商场店铺一带，经常可以看到杨振宁母子的身影。杨振宁只要有空，就带着母亲出外逛街、买菜。回家后，母亲给他做饭的感觉，就好像又回到了从前在合肥母子相依为命的日子。位于香港中文大学附近的沙田火车站商场和街市，是杨氏母子经常出现的地方，时间久了，连一些街坊、店员也认识这对“名人母子”了，他们对杨振宁的事母至孝以及为人不摆架子的德行，都非常赞赏。

一天，杨振宁和母亲到沙田火车站的商场闲逛，经过一家照相馆，杨振宁突然想到母子两人好久没有在一起正经拍过照片了，于是就把母亲拉到店内。店主起先还不很在意，倾谈之下，得知眼前这位顾客就是大名鼎鼎的诺贝尔奖得主杨振宁教授，于是殷勤招待，照片也拍得格外用心。结果，照片拍出来以后，效果非常理想，母子两人也相当满意。

没料到过不了几天，几乎所有路过这个商场的香港中文大学师生，都有机会欣赏到杨振宁母子合拍的天伦之乐照。原来店主非常有生意头脑，灵机一动，将杨氏母子拍的照片放大，悬挂在橱窗内作为招牌，用来招徕顾客。由于杨振宁是名人，照片又确实拍得好，充满了温馨的感觉，照片挂出来后吸引了很多人，店铺的生意也好了起来。照片成了镇店之宝，悬挂了很长一段时间，这家店的生意也红火了一阵。

母子相聚，生活的笑料是层出不穷的。有一次，杨振汉陪同母亲一起来香港，住在香港中文大学宿舍。一天，兄弟二人想要亲自下厨，给母亲烧一顿饭吃，于是到街市买来鸡、猪肉和蔬菜等。兄弟两人在厨房忙作一团，过了很久饭才做好，菜式还不错，有炖鸡汤。然而，直到把汤喝完，才发现鸡的鸡肫、鸡肠、鸡肝等内脏还原封不动地装在胶袋内，塞在鸡肚里。兄弟二人竟然不知街市鸡贩的习惯，杀鸡后内脏用胶袋装着塞入鸡肚。明显地，他们没有把鸡肚洗干净。不过，这顿“胶袋鸡汤”，杨妈妈还是吃得很开心的，只是说以后不要他们再胡搞了！

又有一次经历更加有趣。杨振宁在中文大学任教后购了一辆汽车。一天，他高兴地拉了母亲外出，要开车与母亲去港岛的太平山顶游玩。杨妈妈问儿子，认识路吗？杨振宁回答说：“不要紧，我有一张交通地图。”

可是，杨振宁不知道香港的道路不像美国的高速公路，条条笔直，指示牌清晰。结果，到了九龙旺角弥敦道一带，当他正在低头看地图找路的时候，后面的警号声大作，一位警察驾驶摩托车追上来，将车子拦下。警察下车说："先生，请把驾驶执照拿出来。"杨振宁不解地问："我犯了什么错吗？"交警回答说："先生，你开进的是单程路，你现在是在向反方向行车。"杨振宁这才知道自己"误入歧途"了。

警察仔细看过驾驶执照上的名字，同杨振宁交谈，了解情况后，"误入歧途"的杨振宁不仅没有被抄牌罚款，这位热心的警察还义务充当"开路先锋"，在前面领路，一路把杨振宁送到隧道口，临离开前还说"一路平安"。

为了让母亲生活得更称心，杨振宁在香港斥资购置了一套住房，给母亲定居。他还请来亲戚照顾母亲，生活上比住在沙田中文大学宿舍更方便。在这段时间里，本来在上海工作的杨振汉和谭茀芸夫妇，也来到香港工作和定居，杨妈妈身边就更热闹了。

1987年，杨妈妈因患骨髓癌医治无效，在沙田威尔斯医院病逝，享年91岁。在母亲病重住院期间，杨振宁每天到医院探望，陪伴在病榻旁。就是到后来杨妈妈已陷入半昏迷状态，杨振宁还是天天在病房守候，他一个人坐在病床旁边的小沙发上陪着母亲。看着被病魔折磨的老母亲，杨振宁不止一次潸然泪下，内心感到极大的悲伤和痛苦。对杨妈妈来说，有杨振宁这样一个好儿子，此生早已无憾。

后来，杨振宁还常常回忆以前与母亲在一起的岁月。杨振宁的父亲在杨振宁还是9个月大的婴儿时，就前往美国留学。虽然父亲对他的成长影响很大，但据杨振宁自己说，童年时母亲的教导也影响了他的一生。

杨振宁的母亲是一个旧式妇女，“没有受过新式的教育，也没有受过很多旧式的教育”，但由于父亲的出国，6岁前杨振宁都是与母亲单独度过的。“她的做人态度与美国人的做人态度是不一样的。她做任何事情都不是从个人出发，她的一生是从她的父母、丈夫、孩子来出发的，而这个观念是绝对的。”

在杨振宁看来，母亲的这种“绝对的观念”很有力量，“如果你说这是愚忠，我想也不是错误的。不过，愚忠是一种力量，这个力量用在合适的地方，就可以发生很大的效用。所以，你问我母亲对我最大的影响是什么，我想就是这个”。杨振宁又说：“我与母亲的关系是单纯的，没有复杂的成分，因为我知道她是怎么想的，她也知道我是怎么想的。”母子情深，催人泪下。

25 一个有着真、善、美的杨振宁

1975 年，杨振宁在自己的研究中发现了陈省身定理的美妙，惊喜之余，他写下了在海内外广为流传的诗篇：“天衣岂无缝，匠心剪接成。浑然归一体，广邃妙绝伦。造化爱几何，四力纤维能。千古寸心事，欧高黎嘉陈。”

诗中前四句是说陈氏定理的奥妙无穷；五、六句就是说物理世界同几何学中纤维丛的关系，“四力”是指自然界的万有引力、电磁力、强作用力以及弱作用力，这四种力同它们的能，都是规范场；下一句“千古寸心事”便是来自杜甫的诗“文章千古事，得失寸心知”；最后一句是指陈省身教授在几何学界的地位，已经直追欧几里得、高斯、黎曼和嘉当四位大师。

据杨振宁自己说，他写这首短诗的原因，是他在 1967 年到 1978 年之间，在做规范场研究中认识到规范场与陈省身纤维丛理论中的陈氏级有着很密切的关系。

陈省身与杨家两代人均有交往，杨振宁的父亲杨武之先生是陈省身的老师，并促成了陈省身的婚事。当时在清华数学系有一位教授名叫郑桐荪，郑先生有一个女儿两个儿子，女儿名叫郑士宁，杨振宁的父母做介绍人，促成了她同陈省身的婚姻。他们在昆明结婚的时候，杨振宁的父亲杨武之是证婚人之一。而杨振宁在西南联大当学生时，陈省身给他上过数学课。

杨振宁 1945 年 8 月赴美留学，先来到普林斯顿，后前往芝加哥大学读研究生，在芝加哥又见到了陈省身。1949 年元旦，陈省身带太太以及两个孩子到美国，经过芝加哥到普林斯顿，杨振宁前去拜访。他至今还清楚地记得，那时陈省身的女儿陈璞刚 1 岁多，穿着一件白色的毛衣在地上爬来爬去。以后他们在普林斯顿、芝加哥和伯克利经常见面。

“不过，我们之间的关系到70年代后又有了一个新的开始。”

这个新的开始在物理和数学界被传为佳话。杨振宁说，人们公认陈省身先生是一个大数学家，这是因为陈先生一生的重要贡献在于给数学开辟了一个新的领域，叫做“整体微分几何”。整体微分几何在20世纪下半叶影响了整个数学的每一分支。整体微分几何有一个重要的观念叫做“纤维丛”，陈省身对纤维丛具有奠基性贡献。

“我跟纤维丛本来没有关系，可是在50年代，1954年，我跟米尔斯合写了一篇文章《同位旋守恒和同位旋规范不变性》。这篇文章发表后，我并没有跟陈先生讨论过，因为隔行如隔山，彼此并未看见对方的文章。可是到了60年代末，到了70年代，我才突然了解到，原来数学家讨论过规范理论。有一个数学家告诉我有关纤维丛的研究，而这个纤维丛跟规范场有密切的关系。等到我对纤维丛比较了解以后，我才知道，原来规范场的物理是建筑在一个数学的结构上的。这个数学的结构就是纤维丛，是陈先生做主导发展出来的数学上极为重要的一个观念。所以我记得有一天，那是在1975年，我专程到伯克利去看了陈先生。当时我有一个合作者叫吴大峻，他是哈佛大学物理系教授，我们合作做关于纤维丛与规范场的研究，我们一块儿去陈先生家。可以说从那时候开始，陈先生跟我又有一个关系，这关系就是在我们各自所做的领域里，各自是我们一生的工作极为重要的一个部分。”从此以后，陈省身和杨振宁在学术上的讨论更进一步了。

陈省身与杨振宁，一位是20世纪的数学大师，一位是当代物理学巨匠，他们分别耕耘了几十年之后，竟然发现彼此的工作之间有着深刻的关联：陈省身建立的整体微分几何学，正好为杨振宁所创立的规范理论提供了合适而精致的数学框架。这一科学渊源，事先没有任何人想到过。

陈省身曾经撰文说：“我同杨氏父子的关系，有几点值得特别提出的：第一，武之先生促成我的婚姻，使我有一幸福的家庭。第二，振宁在规范场的工作同我在纤维丛的工作，有一共同出发点。我们走了不同的方向，在物理和在数学上都成为一项重要的发展，这在历史上当是佳话。”

“1986年春，天津南开大学授振宁名誉教授名义。他来南开，并参观南开数学研究所。在南开所中成立理论物理组，由他指导。先后50年，从联大到南开（南开是联大的一员），造物主待我们厚矣。”

除了在物理学界有诸多挚友，与杨振宁有过深交的还有艺术界的朋友，比如范曾。

杨振宁和范曾相识于20世纪70年代末，虽然年龄相差16岁，从事的又是科学和艺术两个完全不同领域的事业，然而他们的心灵是相通的，感情是真挚的。杨振宁很欣赏范曾的作品。20世纪80年代初，他第一次到范曾家探访，两人一见如故，谈得十分投机。他兴致盎然地看了范曾身边所有的画作，十分赞赏。临走的时候，他在留言册上留言："我非常喜爱范曾先生的画！"

范曾是中国江苏南通人，1938年生于书香之家，从小就学习历史、文学和绘画，后考取天津南开大学历史系。两年以后转到中央美院研究美术史，后来又转到中国画系学习。他先后师从吴作人、李可染、蒋兆和、李苦禅、刘凌沧等许多名家，20世纪70年代末到中央工艺美术学院任教。后来他又筹建南开大学东方艺术系，担任系主任。

1991年，杨振宁专程从美国飞到巴黎去看望范曾。杨振宁在卢浮宫玻璃金塔里请范曾和他的妻子楠莉吃饭，很真诚地举杯为他们祝福。席间杨振宁语重心长地说："希望十年以后可以在国内看到你！”这句话说得范曾的眼泪差一点掉下来。杨振宁的到来，对孤寂中的范曾无疑是一个极大的精神安慰。范曾没有让杨振宁失望，不到三年，他便从巴黎归国了，杨振宁闻讯十分高兴。

范曾归国后不久，有一次国家教委一位负责人在南开请杨振宁吃饭，杨振宁掷地有声地说："范曾先生回国，对中国是一件大好事，对南开是一件大好事，对范曾是一件大好事！"

杨振宁的这一席话从未在范曾面前说过，可这话说出了大家的心声。当晚在场的南开大学数学家胡国定吃完饭就赶到范曾家说了这一件事，他说："杨先生讲这个话，非常感动人了！"

范曾认为杨振宁是伟大的科学家，杨振宁做出的判断必然是科学的。他认为杨振宁是个具有大悲怀、大人格、大手笔的科学家，他所研究的是"大问题"，在私人交往上，杨振宁又是个忠于友情、十分真诚的朋友。

范曾说："每个人都有困难的时候，但要帮我并不容易，我不缺钱，也不缺地位，需要帮忙的时候是在关键时刻，而在我最困难的时候，杨振宁总是适时地伸出援手。"

“杨振宁是个有着真、善、美的人，他有心灵的善，心灵的真，这来自他对宇宙的敬畏和万有的悲怀，他也对宇宙保持探究。他也追求美，宇宙是大美的所在，就如庄子说的，‘天地有大美而不言’。”

26

为老师祝寿：不忘恩师

1986 年 7 月的一天，杨振宁得知，他的恩师吴大猷正在台北进行学术访问。他屈指一算，当年正好是吴大猷教授八十大寿。他思绪翻滚，不是正好可以到台北去为教授祝寿吗？拿定主意，第二天他就动身了。

杨振宁从美国飞到台北，当飞机降落机场的时候，他刚走出机舱，迎面就看到一位白发苍苍的老人在向他招手。“啊，吴老师，您老身体还好吗？”杨振宁紧紧握着恩师的手。“振宁，想不到你会来台北与我相见。”吴大猷教授又对他的学生说，“听说你要在台北组织一批朋友给我祝寿？”

“恩师八十大寿，是学生应当做的。”

“不，不，我已向朋友们宣布不举行任何形式的祝寿活动。”

师生俩走进机场餐厅休息的时候，一批新闻记者立即围上来进行采访。杨振宁一边回答记者们提问，一边忙着给自己的恩师端茶、递餐巾纸。他向记者们说：“吴老师是我一生研究领域中最早的领路人，没有吴老师在大学里对我的指导，就不可能有我的今天。”

第二天，台湾一家报纸在报道中如此写道：“杨振宁博士对他的恩师情谊之深，表现了中国传统的‘尊师重道’的美德。”

中华传统，尊师如父。成功者，永远不要忘记传道、授业、解惑之人。

杨振宁一向很尊重他的恩师吴大猷。1957 年时，杨振宁从广播中获悉自己获诺贝尔物理学奖，虽然桌上的报喜电话铃声不断，但他却安静地坐下来，写下这样一段文字：

“大猷师：值此十分兴奋，也是该深深自我反省的时候，我要向您表示由衷的谢意。为了您在 1942 年曾引导我进入对称原理与群论这个领域，我以后工作的大部分，包括关于宇称的工作，都直接或间接与 15 年前的那个春天，从您那里学到的概念有关。这是多年来我一直想要告诉您的情意，今天或许是最好的时刻。生振宁上。”

几乎与此同时，与杨振宁共同获奖、半个月之后将满 31 岁的李政道也表达了内心情意：

“大猷师尊鉴：科技界通知，杨振宁和我合得 1957 年物理学诺贝尔奖金……现在的成就大部分是源于在昆明时您的教导，假如在 1946 年您没有给我这个机会，那就根本不可能有我今天的光荣。生政道。”

两封信的同一收信人吴大猷教授，是他们两人先后在西南联大求学时的恩师，这时担任加拿大国家研究院理论物理组主任。

吴大猷教授与两位诺奖得主之间的师生情谊，是科学界的一段佳话。吴大猷先生同时收到两位诺奖弟子的谢师信，更是物理学界的一桩美谈。只是由于特定的历史原因，吴大猷的名字在中国远不如在海外那样广为人知。

杨振宁有过如此回忆：“在联大给我影响最深的两位教授是吴大猷先生和王竹溪先生。1942 年，为了在西南联合大学取得学士学位，我必须提交一篇毕业论文，我去找吴大猷教授做论文导师……这样，我就接触了群论在物理学中的应用。回首往事，我对吴先生的这次指引深为感激，因为这对我后来发展成为一个物理学工作者有深远的影响。以后40年间，吴先生和王先生引导我走的两个方向——对称原理和统计力学，一直是我的主要研究方向。”

杨振宁是沿着吴大猷教授为其开启的对称原理道路，又跟随费米、泰勒等名师深造，与李政道一起将被视为金科玉律、从来没有被怀疑过的宇称守恒定律推翻，从而迈入了诺贝尔奖的殿堂。

因此，杨振宁以功成之身回首，感谢吴大猷教授当年的引路之恩。

韩愈曰：弟子不必不如师，师不必贤于弟子，闻道有先后，术业有专攻。杨振宁后来的事业，已经被历史证明是超过了他的老师，然而，对他来说，没有这些优秀的甘为人梯的老师，便不会有他杨振宁的今天。师恩难忘哪！

27

生活中的平常人

美国休斯顿大学物理系和超导研究中心教授朱经武说，在遇见杨振宁之前，“我认为只有两类科学家，一类是只告诉别人他做什么，另一类是只问别人正在做什么。但我发现杨振宁教授属于第三类：他总是慷慨地让人分享他的激动人心的成果，同时又对别人的任何科学领域的工作有强烈的好奇心，仔细倾听其他物理学家的工作并提供有益的建议，以增强他们的信心”。

杨振宁之所以受到大家的钦佩，不仅是因为他对物理学做出了真正革命性的贡献，还因为他的谦逊、乐于助人、真诚、正直的人格。

1971年第一次到北京，杜聿明将军设宴款待，在座陪客都为其东北军中同事——郑洞国、范汉杰、侯镜如、覃异之等几位将领。酒过三巡，范汉杰将军提到他有一子范大年，是台大物理系毕业，现在在美任教，请杨振宁代为寻找，以便联络。可以想见，在当时这是一个不太容易，需要依靠幸运之神帮助才能完成的任务。

不多久，杨振宁通过当时在纽约州大水牛城校区的友人找到了范大年，才知道范大年毕业于台大工学院。当然，范汉杰请杨振宁帮忙也基于一个小小的美丽误会，认为杨振宁与其子同为物理学人而自然熟悉。

第二年范大年返北京与其父团聚，父子相隔数十年后重逢，其情其景一定十分动人。不多久，了其毕生心愿的范汉杰与世长辞。

20世纪80年代的一天，杨振宁在香港乘坐出租车时，与女司机聊了起来。这个女司机的普通话讲得非常好，杨振宁便夸了她能够说一口流利的普通话。她说50年代在北京念过中学。然后，这位女司机问杨振宁做什么工作。杨振宁便告诉她，他是美国某物理研究所的教授。女司机当即说，她有一个儿子去年考入复旦大学物理系，他很想出国深造。最近儿子通过美国的一个机构联系了一所大学（这个大学的名字杨振宁从未听说过），但需要花七至八万港币。女司机问杨振宁该怎么办。到目的地之后，杨振宁给女司机的儿子写了一封信，信中说道："我叫杨振宁，我有两点看法：一是，复旦大学是中国第一流的大学，你在复旦念物理比美国任何本科念物理，可以说只会好些，不会差些。二是，你在复旦毕业后，许多美国大学会接受你做研究生，并提供助教的位置，不管你是公费去还是自费去，因为复旦在美国是相当有名气的。我认为这是你学物理的最好的道路，现在匆忙随便进一所大学，对你没有一点好处。"

1996 年 1 月 14 日，第七届国际中国科学史会议在深圳举行之前，担任大会秘书长的王渝生收到了杨振宁从香港中文大学发来的一份亲笔传真。传真中说："渝生秘书长大鉴，邀请收悉，非常愿意与会，请你在 1 月 16 日下午三时，在罗湖关过关的中国大陆一方，左边第一个卖茶叶蛋的摊口跟我见面。"杨振宁是应大会组委会主任路甬祥和席泽宗的邀请，专程来深圳出席于 1 月 16 日到 21 日在深圳大学举行的第七届国际中国科学史会议的。这位世界著名的科学家、诺贝尔奖获得者、年逾古稀的老人，竟然这么谦逊地以一个普通与会者的身份，自己从香港步行过海关来深圳。

在接到传真后，会议组织者向深圳市委书记汇报，杨振宁来深圳不能以这种方式与他见面，况且卖茶叶蛋的小摊到时也不一定在。结果，第二天是深圳市委派专车到香港将杨振宁接来的。

杨振宁这位科学伟人，为人行事精细、谦逊，他一直是把自己视为生活中的平常人，并认真对待每一件小事。杨振宁曾说："天下之事，必作于细。""一个人的动手能力是一种天赋。"在他的有关事迹当中，无不展现出精心、耐心、细致、谦逊、没有支配欲、实事求是、按周密的计划行事、从小事做起等优良品质。

28

浓浓的故乡情

“少小离家老大回，乡音无改鬓毛衰。”2001年10月24日，杨振宁回到故乡合肥。年届八十岁的他，从6岁就离开，到全面抗战初期返乡短期住了6个月，生命中的大部分时光漂泊在外——真是“少小离家老大回”啊！故乡给他的感觉是太亲切、太亲切。他抚摸着斑驳油漆的房柱，仿佛又回到了童年时。他清晰地记得年少时所发生的点滴故事，在停泊船只的码头，沿着母亲的足迹漫步。曾经简陋的街市，现在店铺林立，市面繁华，面对过往的种种，杨振宁一副“回家了”的神态，笑靥灿烂。

“我是小玲，表叔家女儿，您可记得我？”“噢！那三宝呢？他到哪里去了？”“三宝现在在外地。”这是家乡人来到杨振宁下榻的宾馆看望杨振宁时的一段对话。见到家乡人，杨振宁十分高兴。

宾馆大厅，杨振宁坐在沙发上，腿上放着厚厚一叠杨振宁明信片，面带微笑地为乡亲们签名。他一边签名，一边高兴地与乡亲们说着往事，始终乡音不改。

这次回到家乡，他自己说不清是第几次了。回忆当年，杨振宁说，他出生在合肥大西门的一条街上。全面抗战刚开始时，他叔叔家住在小东门的老油坊巷，房子的后面是一条小水沟，他同小伙伴们在那里玩过。

杨振宁 1922 年 9 月 22 日生于合肥城内西大街四古巷老宅。对于小时候合肥的印象，杨振宁依然记得有城墙、护城河，城内范围很小，东北角没什么人住，军阀混战，常常十室九空。

杨振宁是杨家长房长孙。童年的他在合肥生活了 6 年，其中有五年时间父亲杨武之到美国留学去了。4 岁时，他在母亲膝下“开蒙”，一年多后居然识得汉字三千。1928 年夏天，父亲回国，杨振宁随母亲到上海十六铺码头接船时，他已经能熟背《龙文鞭影》，尽管还不能完全理解文章的意思。杨武之高兴地将儿子抱在怀里，送给他一支钢笔。这种“自来水”的洋货令小振宁非常惊讶，他爱不释手。

杨振宁6岁时离开合肥，然而家乡往事难忘。他说，1971年，当他第一次返回祖国的时候，便急切地来到合肥，那时叔叔家后面的小水沟不见了，看到的是城市里为数不多的四层楼房。以后来过多次，每来一次都发现家乡的新变化。

“不过，合肥变化最大的则是最近几年，这次看到的合肥同6年前相比又有新面貌，马路宽阔，高楼林立。听市领导介绍合肥的远景规划、东向发展战略等，才知道合肥为什么发展得这么快。”然后，他遗憾地说，“听说滨湖新区非常美，设计参照了国内一流标准建高档居住区，可惜这次没有机会去看一看。留点想头吧，下一次有机会再来欣赏合肥的美丽。”

凡少小离家的人，都有一份永远也化不开的浓浓的乡情。岁月之墙剪不断念乡之情。在美国的时候，杨振宁对家乡魂牵梦萦，他曾经写信问：“赤阑桥今在何方？”每次回来，他总是问着家乡的情况，忘不了称为“龙龙节”的烧饼……

杨振宁是一个很重亲情的人。除了回乡寻根之外，一个很重要的原因就是看望他的叔叔。在安徽合肥，杨振宁仍有不少亲友生活在那，其中感情最深的应该算是唯一的叔叔——杨振宁父亲的亲兄弟。两家关系一直非常好，杨振宁非常尊重这位叔叔。全面抗战初期杨振宁全家回到三河居住，约半年后离开并前往昆明，就是叔叔从三河将他们送到桃溪的。

这次回故乡，杨振宁夸耀他的合肥话比很多地道的合肥人讲得还地道……

29

『我应该贡献一些力量』

杨振宁对生养自己的故土中国一直怀有深厚感情。他多次回国，向我国领导人多次提出各种合理建议，为国家的强大出谋划策。

杨振宁离别祖国 26 年后在 1971 年首次回国。当时中美还没有建交，只不过是僵持的敌对关系有所缓和，有人形容当时中美交往的大门只不过开了一条缝，杨振宁就迫不及待地挤进来了。他当时这样做是冒了巨大的风险的，实际上杨振宁第一次访华回美国之后就受到联邦调查局的调查，与共产党打交道，对当时的许多美国人来说，是一件不可思议的事。奥本海默在“奥本海默事件”中的遭遇集中反映了

美国政府的歇斯底里状态。奥本海默曾主持美国的原子弹研制，被誉为“原子弹之父”。在当时的形势下，杨振宁敢于冲破阻力，与共产党作亲密接触，确实是需要勇气的。为此，著名物理学家周培源曾激动地说：“杨振宁教授是一位热爱祖国的科学家，他是第一个回祖国访问的外籍科学家，在这一点上是没有任何一个外籍科学家能和杨振宁教授相比的。之后，他几乎年年回国，每次都给我们提出许多建议，他是祖国的忠实的儿子，是一个爱国主义者。”

与杨振宁共事多年的聂华桐教授以“血浓于水的骨肉之情”来描述杨振宁的爱国情怀，并认为“他这样做是担了相当大的风险的”。

实际上，杨振宁常常有这种不惧时势、不畏人言的逆潮流动作。

杨振宁首次访华后回到美国，联邦调查局曾经多次找他，他很镇定而坚决地回答：“在中国，我的父亲、母亲、弟妹们——我的亲属们都在那里，我的许多朋友在那里，我想念他们，所以我要去看望他们，这并不触犯美国的法律！”

杨振宁后来这样说：“在 1972 年夏天作第二次旅行时，我已经拿定主意，作为一名中国血统的美国科学家，我有责任帮助这两个与我休戚相关的国家建立起一座了解和友谊的桥梁。我也感觉到，在中国科技发展的道途中，我应该贡献一些力量。”

第一次回国周恩来会见杨振宁的时候，诚恳地请他就中国的教育、科研提出意见和建议。杨振宁直抒己见：“中国在教学科研中重视理论和实际的结合，这是很好的，在经济比较落后的条件下，这也是必须的。但是，目前中国理工科大学不重视基础教学和理论研究，这是目光短浅的表现，应引起重视。在科研机关里，也存在着不重视基础理论的倾向。”

他还谈了一些具体的建议。事后周恩来指示有关部门进行认真的研究并及时给予落实。

1980 年，杨振宁在纽约州立大学石溪分校发起成立与中国学术交流委员会，资助中国学者去该校进修。

1983 年，在杨振宁的大力倡导下，一群热心祖国高等教育事业的香港爱国人士走到了一起，创建香港中山大学高等学术研究中心基金会。它是在香港依法注册的非营利性机构，该机构资助广东中山大学一些具有重要学术价值的基础研究项目，促成了中山大学高等学术研究中心的成立。

由于当时学校经费非常困难，即使是一些很有基础、成绩突出的项目，也面临困境。另一方面，很多中青年学者也因缺乏资助，不能发挥冲刺前沿的先锋作用。

杨振宁说："1982 年改革开放初期，看到国内的经济情况很差，自己就与另外两位物理学家在想是否能有什么方法帮助中国的学术取得发展。但如何帮助？成立基金会！成立之后很多热心人士以及香港工商界的人士都通过捐赠而为中国科学研究作出努力。"

"其实当时我们提议在广东的深圳设立一个学术研究机构，后来商量后觉得深圳的学术传统恐怕不够深厚，不是最合适的地方，最后还是决定选址中山大学。这个提议很快就得到了广州、中大以及香港工商界领袖们的支持，特别是冼为坚先生，给予了很多经济上的支援。"

在教育经费很不富裕的年代，向香港以及海外募集基金，为中山大学开展中外合作交流雪中送炭。

中山大学原副校长、高等学术研究中心原主任李华钟认为，杨振宁教授对中山大学一项重要的建树是，在香港成立了香港中山大学高等学术研究中心基金会，支持中山大学高等学术研究中心资助一些基础学科学术研究。自1983年至2004年，投入资金已经达两千万元港币，包括研究中心建筑四千平方米。资助的学科是人类学、古文字学、民族学、民俗学、考古学、数学和理论物理等。这些本来是中山大学有基础的学科，然而20世纪80年代学校科研经费十分缺乏，对这些基础性学术性研究投入很少或根本没有投入。基金会的资助对这些学科无疑是雪中送炭，如果没有基金会的支持，一些学科早已枯萎凋谢。杨振宁教授的高瞻远瞩，挽救了中山大学某些学术研究。研究中心20多年前在全国首先实行支持青年中年第一线研究者，首先实行研究人员生活津贴，当年的青年学者如今已是学科的领头人物。

正如杨振宁评价："基金会虽然规模不大，但在特定的时代背景下，做了一些值得做而又成功的事，是成功的基金会的典范。"

1984年12月，杨振宁在北京与中科院副院长周光召讨论人才培养问题，两人一致认为："中国的经济起飞需要大量善于动手的人才，而中国当前的层层考试对会动手但不一定会考试的青少年非常不利，虽然这是相当复杂的问题，不是容易解决的，但至少应该给会动手的青少年一些鼓励，并设法帮助他们解决升学问题。”之后不久，杨振宁与香港亿利达工业发展集团有限公司董事长刘永龄先生谈到这件事，刘先生深有同感并慷慨解囊，于 1985 年起在上海设立亿利达青少年发明奖，由上海交通大学承办，杨振宁任评委会名誉主任。

“亿利达”英文是“elite”，意思是“精英”“杰出人才”。亿利达青少年发明奖的设立，目的是发展祖国的科学技术和推动经济建设，鼓励青少年的创造性思维和动手能力的培养，推动中小学课外科技活动及创造、发明活动的蓬勃发展。

杨振宁对中国科学教育事业的关心得到有关方面的肯定和嘉奖，他先后被北京大学、复旦大学、中国科技大学、南开大学、中山大学、上海交通大学、南京大学、清华大学、香港中文大学等二十多所高等院校聘为名誉教授，并担任了中国黄河文化经济发展研究会名誉会长。1994 年 6 月，杨振宁当选为中国科学院首批外籍院士。1996 年 5 月 14 日，杨振宁荣获中国政府颁发的中国国际科技合作奖。

近年以来，杨振宁在清华大学与香港中文大学讲学，并帮助这两个大学寻找世界顶级的优秀青年教师，其中有两位很成功，一位是美国普林斯顿大学计算机理论教授，一位是在国际上名望很高的计算机方面的专家。他说，这对提高两个大学的学术水准相当有帮助。此外，他还帮助清华大学成立了两个基金会，并捐款 1000 多万美金。

30 落叶归根

杨振宁在欢度了自己的80寿诞之后，正式“落户”清华大学。对于杨振宁的这次“回归”，杨先生和清华可谓一拍即合，杨振宁有强烈的回归愿望，清华大学则对杨振宁表示了热烈的欢迎，并配予一座新居，让杨振宁教授在此可以安宁舒适地生活。

2003年11月，杨振宁回到国内，他将清华园的居所取名为“归根居”。杨振宁从小在清华园长大，60多年以后，他又回到清华园，为此他有感写下五言古诗《归根》：

昔负千寻质，高临九仞峰。

深究对称意，胆识云霄冲。

神州新天换，故园使命重。

学子凌云志，我当指路松。

千古三旋律，循循谈笑中。

耄耋新事业，东篱归根翁。

在清华大学杨振宁的寓所客厅里，这首诗摆在显要位置。

杨振宁解释道："过去我取得的成绩，那都是过去的事，而我现在的新事业，是回国后为祖国尽一些微薄之力。"

英国一位诗人曾经说过："我的起点就是我的终点，我的终点就是我的起点，我们不应该停止寻索，寻索的终点就是我们的起点。"

杨振宁最后画了一个圈，线条由粗到细。"这是代表我的人生。"杨振宁说，"我一生走了一个大圈，我的最后事业也是我一生中特别有意义的一幕。今天我又开始了一个新事业。"

杨振宁和夫人杜致礼在异国他乡相知相伴，度过了半个多世纪的时光。2001 年，他和夫人之间有一个约定就是在当年回国定居。但是由于夫人的身体不好，回国的日期被一再推迟。遗憾的是，2003 年夫人离开了人世，在国外生活了 58 年的杨振宁只能孤身一人定居清华园。

2003年，杨振宁迁入在清华园的新居。这是诺贝尔奖得主第一次定居大陆，意义非凡，媒体称之为“杨振宁回归”。

杨振宁自己谈到了回清华的期盼。他说：“希望清华能够聚集一批世界级的科学家，希望世界物理研究的中心能转移到清华来。”

人们有理由相信，凭借杨振宁先生在世界物理学界的地位，凭借其难以估量的影响力和号召力，他所带来的，绝不仅仅是面子上的象征意义，还将给予清华大学和中国教育界、学术界以实实在在的帮助和促进。庆祝杨振宁80寿诞时有十几位诺贝尔奖获得者和国内外大学校长、教授齐聚清华，则是很好的证明。

同样重要的是，有杨振宁这样德高望重的楷模在身边，所有清华的学子都将在学术、品德方面受到影响和激励，更加明确自己的学术目标和奋斗方向。

历史上，北大、清华一向均以拥有一批著名教授而自豪，并以此而确立了名校地位。他们不但是一个学校的学术标尺，而且是学校品格的象征。杨振宁的“回归”，使正在努力接续传统的清华大学，又迈出了扎实的一步。

时任清华大学校长的顾秉林院士有感于杨振宁先生的拳拳报国之心，和诗一首，题为《感〈归根〉》：

曾为万中杰，力探物微宏。
规范对称美，奇迹双辉映。
铸就中华魂，报国赤子情。
鹤发童心盛，领军再攀峰。
泰斗众贤聚，济济人才兴。
壮志凌苍穹，精诚贯长虹。

曾经是清华园“小主人”的杨振宁没有料到，2003 年，当他 80 岁后，他又回到了清华园，回到了为他的人生和事业奠定了良好基础的所在地，在以人生为轴心、事业为半径的漫漫旅程中转了一圈又回到了原点。

重回清华一方面了却了杨振宁多年来想回家的心愿，一方面他也想在有生之年为清华的发展出一分力，清华大学高等研究中心（现称清华大学高等研究院）就是在他的大力帮助下创办起来的。

杨振宁支持清华大学高等研究中心的发展，在网罗人才方面，他和聂华桐主任几年来花了许多心血。他们为清华大学请来姚期智这样世界顶尖的计算机科学家。

姚期智当初未想到他 57 岁的时候会从普林斯顿大学来到清华，成为清华大学高等研究中心的全职教授。

这位“计算机界诺贝尔奖”——图灵奖的首位华人得主，生于上海，长于台湾，留学美国，是国际计算机领域的大师级人物。

2003 年 10 月，姚期智来中国参加微软亚洲研究院一个研讨会，顺便应邀来清华大学高等研究中心参加“杨振宁论坛”讲座。他第一次走进清华大学高等研究中心，便喜欢上了这个普林斯顿式的中国研究机构，也就在这里他同杨振宁和聂华桐度过了愉快的几天时光，其间聂华桐提出了请姚期智来清华发展的建议，原来这是他与杨振宁私下“密谋”已久的。

“我一开始觉得十分意外，聂先生刚提出时，我觉得几乎是不可能的。后来仔细回想，并不是那么难的一个决定，”姚期智在一年之后回忆道，“中国正处在一个起飞的阶段，特别对于我们海外中国人，这是一个可以做一番事业的地方。聂先生说你回来吧，开创一个新局面。”

不到一周的时间，姚期智便做出决定。他卖掉美国的房产，辞去普林斯顿大学的终身教职，2004 年 9 月正式加盟清华大学高等研究中心，担任清华大学高等研究中心教授，同时担任清华大学信息科学与技术国家实验室学术委员会主任。

姚期智加入一年后，从理论计算机研究领域到人才学术交流方面，清华大学高等研究中心开始产生一系列良好的连锁反应。破译国际通用密码、震惊计算机密码学领域的王小云教授 2005 年 4 月受聘清华大学高等研究中心，成为“杨振宁讲座基金教授”。微软亚洲研究院 2006 年开始在高等研究中心培养博士生。美国计算机学界的优秀学者、研究生来清华交流访问频繁。

访问教授张寿武曾向清华大学高等研究中心推荐他在数论领域里表现优异的学生——田野。三十多岁的田野已在世界数学顶级的杂志《数学年刊》上发表论文，在纯粹数学研究领域，这是工作取得优异成绩的一个标志。

张寿武是清华大学高等研究中心所聘 6 位长江学者讲座教授之一。6 位教授当时都在 40 岁上下，都是在海外一流大学执教的华裔学者。他们每年定期来到清华，带回来的不仅有研究领域的最新成果，还有海外优秀年轻学者的信息。

在对田野的了解过程当中，聂华桐写信分别咨询了5位数论领域的顶尖专家，都获得充分肯定答复，剑桥大学的J. 科茨（John Coates）教授甚至将他和年轻时的A. 怀尔斯（以证明费马大定理闻名于世）相比。2005年9月，杨振宁与聂华桐分别向田野发出了热忱的邀请函。

几年以来，清华大学高等研究中心招揽了数位国际一流的教授，他们在各自的学科领域都是世界顶尖人物。聂华桐说，中心能有今天的局面，多半是凭借“杨振宁”这三个字的号召力，还有他塑造出来的宽松自由的学术氛围。

值得一提的是，杨振宁毅然回到母校清华大学为大一学生讲授基础物理之举，在广大青年学子心中激起了深远的波澜。

清华大学物理系基础科学班的同学们至今还很清楚地记得第一次上杨振宁大师课的情景。“那天第一节课的下课音乐刚刚响起，同学们都像触电一样从座位上跳起来，一个个抓起书包跑到楼下。推出自己的车子用最快速度开锁上车，然后一路狂蹬到六教楼下。一时间，这一股速度奇快的自行车潮在校园中显得十分引人注目。”

2004年9月13日，清华六教楼，82岁的他面对来自清华物理系基础科学班大学一年级的学生，从秒、光速等最基础的物理量开始，一边用清晰的英文讲解，一边在演示的幻灯上写下定义、公式与推导过程。同学们听得非常入神，课桌上放着那本大部头的英文教材《基础物理原理》。在另一个观摩教室，不少来自教学一线的老师、旁听的学生，甚至其他高校的师生也闻讯赶来，他们通过同步的影像，也成为杨振宁的学生。

曾有很多人对杨振宁给清华本科生上课议论纷纷，大家都觉得像这样一位大师应当带博士生，给本科生上课未免有点大材小用，而杨振宁说：我重新回到讲台是为了让自己的人生更圆满，几十年以前，我曾经在清华校园里学习，有幸聆听了朱自清、闻一多等大师的教导。现在我要把毕生所学传授给学生，给自己的人生轨道画一个圆。我就是一个普通的清华老师，一生会铭记清华校训“厚德载物”，教好每一个学生。当老师，知而不言是一种罪。

“我的起点就是我的终点，我的终点就是我的起点，我们不应该停止寻索，寻索的终点就是我们的起点。”杨振宁画了一个圆，并以这首诗解释了他重回大学讲堂，重回清华园的原因。

杨振宁现在最大的心愿，就是在有生之年使清华大学理科的发展日渐繁荣。清华大学已经跟他的晚年生活密不可分，将伴随他走过晚年的人生之路。

31

惊世忘年恋 轰动世界

2004年12月初，杨振宁与广东潮州姑娘翁帆缔结良缘，消息一发布，就轰动全球，成了一些人茶余饭后谈论不休的话题。

轰动的主要原因是：曾获得诺贝尔奖的新郎已有82岁高龄，垂垂老矣，而新娘年仅28岁，花样年华。

有人祝福，也有人质疑。杨振宁根本没想到人们对他的第二段婚姻的关注远远超过了对他获得诺贝尔奖的关注。

虽然他们相差了整整54岁，然而在翁帆的眼中，82岁的杨振宁仍然精神矍铄。翁帆认为杨振宁“是一个很有意思的人，绝不令我沉

问。而且他很有品德，这是他最好的地方”。

至于杨振宁呢，他欣赏翁帆聪明可爱，而且是一个没有心计的女孩。这是因为她“兼具中西文化特征”。翁帆有一种浪漫的气质，由于她家境优越，上学或者工作时基本衣食无忧，身上没沾染世故气息，又具有传统性格。翁帆在语言方面相当有天分，除了英语口语很流利外，她的英语诗也写得非常好。她拥有很多传统潮州女孩的优点，例如乖巧、善解人意。

1976 年 7 月翁帆出生于广东潮州，她有两个姐姐，三姐妹从小都文静淡雅，看书是她们最大的爱好。平时在家中，她们总是喜欢安安静静地聚在一起读书，父母从来不需要为她们的学习操心。这样的家庭氛围也养成了翁帆纯洁无瑕的品性。

1994 年，翁帆以优异的成绩考取汕头大学外语系。对一个 19 岁的少女而言，大学生活的一切都是新鲜的。翁帆皮肤较好，身材苗条，被选为汕大模特队的成员。学习刻苦、性格随和的她深得老师和同学的喜爱。

1995 年，是翁帆生命的一个转折点，她遇到了对她一生影响最大的人——杨振宁。1995 年 8 月，杨振宁、杜致礼夫妇应邀出席在汕头大学举办的第一届国际华人物理学大会。为了让几名学术界名人行程顺利，大会组委会特地安排几名汕头大学外文系学生接待。负责接待杨振宁夫妇的就是年仅19岁的翁帆。那时，翁帆心中非常紧张，在她的印象中，杨振宁这样的国际知名的大科学家必然很严肃。可是，相处时间长了，她发现杨振宁为人幽默，和蔼可亲，平易近人，以严谨严肃的态度对待科学，平和的态度对待人生。翁帆英文说得非常好，杨振宁夫妇都喜欢活泼的她。尤其是杜致礼，非常喜欢这个长得像洋娃娃的小姑娘。

开会期间，杨振宁因奔波劳累过度而病倒，组委会安排翁帆协助杜致礼照顾他。后来杨振宁回忆说："那个时候，致礼就已经无意中把我的生活习惯、爱好和身体健康状况告诉了翁帆。或许，那时候杜致礼是'无心插柳'。"

翁帆与杨振宁聊天，她听到杨振宁动情地讲述他和妻子相知相伴的故事，被感动得流下眼泪。从此之后，每次看到头发花白但依然神采奕奕的杨振宁，翁帆心中就充满敬意和感动。

在工作几年后，翁帆选择报考研究生，并考进广东外语外贸大学硕士班。

这段时间，翁帆偶尔与杨振宁夫妇联络，她非常关注杨振宁的新闻，了解杨振宁的学术进展以及生活情况。2003年10月，她从新闻里得知杜致礼去世的消息，非常震惊。电视中的杨振宁一下子苍老了很多，而刚刚离婚的翁帆觉得只有自己才能体会到杨振宁的悲哀心情。翁帆在心中萌发了给杨振宁写信的冲动，然而害怕自己太冒昧，而且又不知道从何下笔，就把事情搁了下来。

杨振宁的家庭幸福而美满，他与结婚半个多世纪的爱妻杜致礼感情深厚，三个子女都学有所成，成为美国社会的成功人士。可是，“天有不测风云，人有旦夕祸福”，发妻杜致礼不幸罹患癌症，虽然经过三次手术，仍然无力回天，撒手人寰，驾鹤西归。而这，使81岁高龄的杨振宁顿时陷入深深的悲痛与伤感当中。

2004年2月，翁帆开始准备研究生毕业论文，杨振宁的面孔又浮现在她脑海中。于是，翁帆寄了一封信给杨振宁。在信中，翁帆谈及自己的论文选题“杨振宁的翻译思想”，希望能获得他的帮助。3月中旬，翁帆收到杨振宁的第一封回信，读着杨振宁的回信，她激动不已。几个月之后，杨振宁与翁帆有了密切联系，两人渐渐地熟识。

2004年的一天，翁帆突然接到杨振宁打来的电话，邀请她到香港中文大学见面。见面之前，翁帆还真有些激动和紧张：分别多年了，见到已经82岁的杨振宁教授，我是否上前搀扶他呢?

见面后，令翁帆惊讶的是，眼前的杨振宁教授精神矍铄，说话、思维和行动都非常敏捷，与八九年前几乎没什么差异。此次见面，大家都非常高兴。因为翁帆没有像理科学生对学术大师那样拘谨，因此谈话显得自由轻松。

这次见面后，杨振宁对翁帆无法忘怀，他孤独的心被这个率真的姑娘所温暖了。接下来的日子，一有空闲的时间，杨振宁便会忍不住拨打翁帆的电话。翁帆逐渐习惯了在课余时间接听杨振宁的电话，这成为她生活的一个重要组成部分，有时不能如期接到杨振宁的电话，她就会有一种失落感。凤凰花开的5月，杨振宁邀请翁帆一起到石澳游玩。那天下着雨，石澳村通向海边有一段极陡的路。为安全着想，两人很自然地拉起手，走完那段路之后又立即松开。当时翁帆才发现，原来自己非常喜欢杨振宁拉她的手。

在此后的交往过程中，翁帆对杨振宁的为人、涵养、品德、学识非常仰慕。这位世界著名的物理学家在她眼里只是一个孤独但渴望爱的常人，她渴望与他在一起，照顾他，陪他走过人生中最后但必定是绚烂的阶段。82 岁的杨振宁勇敢地向翁帆求婚，以世间最真诚的方式来表达自己这种爱意，就是与她相依相伴，共度人生的美好岁月。

2004 年 11 月，杨振宁和翁帆是通过电话订婚的，并未举行公开的订婚仪式。他给少数亲友发送了一封电子邮件，告诉他的订婚消息。

这封电子邮件内容是：

这是一封重要的信，向你介绍我的未婚妻。

她的名字叫翁帆，她的朋友叫她帆帆。我现在也这样叫她。我们在 2004 年 11 月 5 日订婚。

翁帆 28 岁，出生在广东省潮州。致礼和我 1995 年夏天到汕头大学参加一个国际物理学家会议时碰到她。那个会议有四位诺贝尔奖得主参加，因此学校挑选学生来作接待向导，当时还是大一学生的翁帆是我们的接待向导。那是一个只有上帝才会作的安排。

致礼和我立刻就喜欢翁帆。她漂亮，活泼，体贴而且没有心机。她是英文系学生，英文说得极好。离开汕头之后，我们和她偶尔有些联络。

大学毕业后，她结婚了，几年以后离婚。几年以前她进入在广州的广东外语外贸大学，很快要得到翻译系的硕士学位。

有如天意，因为好几年没有联络，她今年2月给我一封短信。信是寄到纽约石溪，后来转到我所在的香港。也因此我们在过去的几个月中逐渐熟识。

我发现现在已是一个成熟妇人的翁帆，依然保有九年前致礼和我特别欣赏她的率真。

…………

杨振宁的亲人收到他的电子邮件后，都深表祝福。

杨振宁和翁帆的婚姻公开，必然在国际学术圈引发震撼。一位与杨振宁有密切交往的物理学家回信给杨振宁，举例西班牙大提琴家卡萨尔斯81岁时与他的21岁学生结婚，作为对杨振宁的祝福。

新加坡著名作家尤今如此评价："在人人认为他该与爱情'诀别'的耄耋之年，他敢于追求真爱，敢于向全世界承认，而又敢于堂堂正正地将真爱迎娶回家。翁帆呢，聪颖，而且，也同样的勇敢。她不畏人言，不管流言，百分之百地忠于自己的感受，敢于接受幸福、敢于开拓幸福的新天地。"

更多人对杨振宁的理解相信也正是基于一点：爱情已然沧海，未来必定续造传奇。

杨振宁在接受中央电视台《面对面》节目采访时，对中国亿万观众说道："不管现在别人怎么讲，过了三十年以后，四十年以后，大家一定认为我们这个结合是一个美丽的罗曼史。"

爱能够超越年龄，科学的理性同科学家的感性是并行不悖的，科学家也有普通人的爱——从这个角度来看，一个充满感性的杨振宁比醉心学术的杨振宁更受人尊敬，因为我们从感性的他身上，体会到了人性的温度。

32

终身成就：科学之子的光芒

不成功的人往往有各种各样的缺点，但是成功的人往往有着共同的优点。

在高中时，杨振宁在课堂上接触到一个圆圈的旋转问题。教科书上说，当圆圈旋转起来的时候，会向前冲，力量是向心力，但他对此却产生了疑问。因为这和他的直觉是背道而驰的。带着这个疑问，他通过请教老师，与同学探讨，查阅大量的资料，最终弄清楚了其中的原理。

这件事情使他明白了一个道理：“我们每个人都有很多直觉，但有许多是不完全正确的，需要精炼提升一下。你的一生如果发现这种现

象，就是书上讲的和你的直觉了解不一样，这是最重要的学习时机，不能放弃，不能盲目，要赶紧抓住这种机会。等到这点弄清楚以后，你就走到另外一片天地。”这是他在 2011 年 6 月被聘为宁夏大学名誉教授时向学子们说的一段话。

而对于这种现象背后真理的追求首先需要的是兴趣。追溯起来，杨振宁对物理学产生兴趣是从《神秘的宇宙》这本书开始的。通俗的语言背后的物理学基本知识，让他对物理学第一次产生了想要去了解的兴趣。可是因为当时的大环境问题，截至 1938 年参加高考前不久，他都没有系统地学过物理。

但是命运就是这样神奇，总是在不经意间插柳成荫。1938 年，他想考入理想的大学——西南联大就读，但是考试的时候需要考他好久都没有碰的物理学，于是他便借了一本物理书，关在家中学了一个月，到最后竟然通过了考试。正是因为这一个月对物理学的学习，让他对这个学科产生了浓厚的兴趣。包括他后来再读《现代物理理论》《现代代数理论》这些书时，也都是基于之前对物理学学习的兴趣，继而才逐渐对物理学领域加深认识，有了探索的欲望，从而一次次步入现代物理学的新境界。

杨振宁曾经说过：“我想要告诉大学生朋友的就是，做研究，就是要在兴趣的基础上，通过大量的、长期的准备，然后才能获得结果。”这句话也就是他总结的“兴趣—准备—结果”。这个观点和物理学之父爱因斯坦的名言“兴趣是最好的老师”不谋而合。最后他强调学术研究的发展之路，一个学术研究者应该有的态度和力量就是发现自己的兴趣、培养自己的兴趣、发展自己的兴趣。

可是想要在某一个领域获得成果，单单有兴趣是不行的，还需要坚韧的探究精神。

1945 年，杨振宁赴美留学，从实验物理转战理论物理后，研究过程中遇到的壁垒层出不穷。

首先就是研究理念问题。在芝加哥大学，他发现国外物理学家对物理学的研究方法与他在国内的学习有区别：在国内学的是推演法，就是从理论到现象，只有掌握了理论才能推演出现象。而在国外，研究却往往是从现象开始，即从一个不了解的现象开始，来研究它的理论是什么，是否和以前的理论相符合。如果不符合，那就说明还有其他研究发现的可能。这种不同的研究理念的冲击让他形成了自己独到的心得，他开始主张，对知识的学习并不一定要有一个清晰具体的认知，要学会运用渗透法学习。

在实验具体操作中，他也遇到很多的挑战：小到做实验时，仪器经常出故障；大到导师给的研究题目不符合他的研究意愿，这时候他就需要自己寻找研究的题目。有一个阶段，他先后找了四个研究题目，前三个研究题目都在研究了一两个月的时候搁浅。原因有很多：有的是初期看来很合理，但是越研究越复杂，甚至超过了他当时的认知范畴；有的是因为研究到一半，其他客观条件不具备，也只能搁置。就这样，到最后只有第四个课题研究成功。但是，让他没有想到的是，前面三个原来没有研究成功的课题，经过他一段时间的知识积淀或者调整研究方向后，都又开花结果了。

基于这些经验，他总结出了对于研究的态度或者遇到困难时候的建议："有好的想法，不要轻易放弃，放置一段时间后，也许就有新的好的想法了。"以兴趣为引，以不怕苦难的探索精神为武器，锲而不舍地向着真理靠近。

1949 年，就在新中国建立的这一年，他进入普林斯顿高等研究院，他的研究步入了第一个黄金阶段。

这一阶段突出的研究成果是杨－米尔斯规范场理论。得出杨－米尔斯规范场理论缘于泡利的一篇文章。杨振宁某天看到泡利的文章中有关韦尔的一个理论：电荷守恒决定了全部电磁作用。这个理论引起了他很大的兴趣，于是和与自己同一个办公室的米尔斯一起，开始了这次研究之旅。在当时，以规范理论的观点来看电磁现象是很漂亮的数学观点，可是并没有引出任何新物理结果。面对这样一片未知的领域，他对探究真理的热忱驱使他投入研究，甚至到了“走火入魔”的程度。正是这份兴趣和较真的探究理念和精神，让他在 1954 年淬炼出杨－米尔斯规范场理论。这一理论虽然在当时没有得到足够重视，但后来在学术界掀起了巨浪。据统计，后来有 7 个诺奖得益于这一理论，甚至几十个物理诺奖都是在其基础上才得以进行。

在发现这个理论后，他并没有沾沾自喜，止步不前，而是继续保持对物理学浓厚的兴趣，对真理热忱的探索精神，全力投身于其他课题的研究。皇天不负有心人，他的另一项研究成果是与同出生于中国、比他小四岁的李政道共同完成的。

这就是备受世人关注的宇称不守恒定律。在当时，国际上普遍公认的是宇称守恒定律。而 1956 年，杨振宁和李政道在研究中发现两个完全相同的粒子在特定环境中运动规律不一定是完全一样的。从确定课题到两人每时每刻的讨论，再到半夜的论证推演计算，过程中遇到的困难就像是一座座高山，而他们也正是凭借着兴趣和对物理学的热忱，加上坚持不懈、锲而不舍的精神，登上了真理的山顶。

在2000年的时候，《自然》评选人类过去千年以来最伟大的物理学家，全球总共只有20多人上榜（人类物理学终极封神榜单），杨振宁先生在这个评选中名列第18位，并且他还是这个榜单里唯一一个在世的物理学家。与他一同登上这个榜单的人大都声名赫赫，包括牛顿、爱因斯坦、麦克斯韦、薛定谔、波尔、海森堡等。

这就是他，一个深受中西方思想熏陶的严谨的物理学家。但行好事，莫问前程，好事已经做好了，那么荣誉随之纷至沓来。

1992年，当选为英国皇家学会外籍会员。1994年，荣获美国费城富兰克林学院颁发的鲍威尔科学成就奖。1996年，获清华、上海交大两所大学颁授的荣誉博士学位 。2015年获得物理学界另一个重量级奖项——马塞尔·格罗斯曼奖。2019年获得求是终身成就奖。评选为美国科学院、中国科学院、俄罗斯科学院等多家科学院院士；清华大学、上海交通大学、香港中文大学、台湾大学、澳门大学等各地多家大学的特聘荣誉教授和荣誉博士学位等荣誉也接踵而来。

面对这样的肯定，他却在2019年度求是奖颁奖典礼上对自己的过往成绩只字不提，而是借了著名爱国实业家查济民先生的诗歌《借放翁句告儿孙》来嘱托青年后辈要重视祖国科技事业的发展：

“死去原知万事空，但悲十亿尚寒穷……神州经技飞腾日，家祭毋忘告乃翁。”

这就是一个科学之子的光芒：内修自身，拥抱兴趣，保持对研究的热忱，克服重重困难，和真理握手；外在树立榜样，为行业后续立标杆，心存博爱，为下一代莘莘学子铺路。更为重要的是，我们一次又一次见证他对中国科研前沿领域的一如既往的关注与倾心……更为实际的是，倾其所有设立各种奖励基金；利用他自己的影响力，大力引进和培养世界顶尖科研人才：这远远超越他作为一个伟大科学家的身份与贡献。即使身处海外，他依然不忘自己作为华夏子孙的责任与担当。更为感人至深的是，他心心念念的不是一己之得失，而是时刻保持着对国家的赤子之心，对民族的拳拳之意、殷殷之情。

33 不变的中国心

“洋装虽然穿在身，我心依然是中国心……就算身在他乡，也改变不了我的中国心……”

一首《我的中国心》唱出了多少海外游子的心声，身在他乡，心系祖国。

杨振宁就是其中一位。

1945 年，杨振宁得到庚子赔款奖学金前往美国，就读于芝加哥大学。当时，中华人民共和国还没有成立，他持有的是民国政府的护照。1964 年，杨振宁获得美国国籍，成为美国公民。2015 年，杨振宁放弃美国国籍，于 4 月 1 日入中华人民共和国国籍，正式回归祖国。

这时候人们开始有了困惑，杨振宁这个让

华人扬眉吐气，乃至震撼世界的人物为什么要重返故土呢？

其实，我们可以从他与祖国母亲过往的一些点滴小事中窥探出这一点，那就是他从来没有忘记生他、养他的祖国母亲，从来没有忘记他作为炎黄子孙的赤子之心、绵绵思念之意。

20 世纪 50 年代，新中国成立不久，国内各行各业在有条不紊的重建当中，而对于科学研究，这部分的恢复也需要一定的时间和条件。那时候的国内科研环境还比较滞后，因此，杨振宁明白，要想让中国人摆脱自卑，自信地投入科学研究，需要强有力的鼓励，而自己无疑是此种局面中一把最锋利的剑。终于，在不断地试错、研究、推翻、再重来后，1957 年，他与李政道因共同提出宇称不守恒定律而获得了诺贝尔物理学奖。

当记者采访他，问及他的贡献时，他毫不犹豫地说："帮助改变了中国人自己觉得不如人的心理作用。"而这，给中国人带来的精神冲击是突破性的，成为中国年轻一代科学人信心的基础性支撑。

他的中国心不仅体现在科研上，在引领整个华人科研界向故土作贡献的路上也是殚精竭虑。

1971 年春天，中美关系解冻后不久，杨振宁就马上回国访问，成为美籍知名学者访问新中国的第一人。为此，美国联邦调查局曾多次找他，都被他顶了回去。杨振宁不仅顶着美国的阻力回国访问，还在美国各处演讲，宣扬新中国的成就，许多美国人受他影响，开始愿意同中国接近，一些美籍华人学者也开始回国探访。

过了几年，钓鱼岛问题出现，杨振宁勇敢地在美国参议院听证会上讲述了钓鱼岛是中国领土的事实，并且在保钓学生中发表演讲，对当时台湾地区留美学生影响巨大，他也因此被称为保钓运动的精神导师。

他不仅奔波于为祖国母亲争取政治公平，而且对于祖国母亲长久力量的集聚——科研——也是不遗余力地支持。

早在西南联大上学的时候，杨振宁和好友黄昆就认真讨论过在中国“成功组织一个真正独立的物理中心”，认为其“重要性应该比得一个诺贝尔奖还高”。后来赴美留学，在普林斯顿高等研究院成功的经历，使他一直怀有一个梦想：在中国创办一个类似普林斯顿高等研究院这样的理论研究中心——几位世界级的理论大家带领一批有才华的青年，引领世界理论物理和数学的研究。

1970年代初期和中期，杨振宁多次访问祖国，在第二次回国的晚宴上，他直言不讳地向周恩来总理呼吁，要重视基础科学。1980年代，他积极帮助创建了中山大学高等学术研究中心和南开大学陈省身数学研究所理论物理研究室。在1999年答应清华大学的请求，创建以普林斯顿高等研究院为模板的清华大学高等研究中心，并担任名誉主任。

时光飞逝，到了2003年，杨振宁终于离祖国又近了一步，他回到了北京定居清华园，开始了归根反哺的第一步。

杨振宁明白要使一个科学研究机构取得成功，选择正确的研究方向和招聘一流研究人员是关键。他以物理学第一人的身份，用自己的影响力为中国请回了姚期智、林家翘等顶尖人才，为中国科学家打开了广阔的视野。从此，我国的物理学研究与世界科技前沿的鸿沟日渐消弭。

机构组建起来了，可是另一个问题也随之而来，实实在在摆在了杨振宁面前。面对这么多学术界知名人士，需要支付勉强过得去的薪酬以及提高博士生等研究人员的待遇，那么财务上的难题亟须解决和处理，否则一切都会停滞不前。为此，他拿出自己个人积蓄以及在美国的一幢别墅交给清华大学高等研究中心基金会，并将国家每年补贴的100万元津贴的很大一部分捐给中心用作日常开支，另一方面，他还竭尽全力向好友和香港的爱国人士募捐。

正是有了这个基金会，高等研究中心才有可能把美国科学院院士、图灵奖获得者姚期智先生引进到清华全职工作，才有可能设立“杨振宁讲座基金”教授职位。正是因为他将国家补贴无偿捐献给研究中心，才保证了研究中心的正常运转。

挑选候选人的过程中，杨振宁也是慎之又慎。对每位候选人，他都要仔细研究其学术背景和已有的学术成就，往往谈了多位，每位谈了数轮，最后才成功一位。正是因为他的努力，20年来，高等研究院逐渐成为一个学术氛围浓厚的学术殿堂。一流学者的报告常年不断，多位诺贝尔奖获得者和大量活跃在物理学研究前沿领域的青年学者云集于此，青年学子刻苦钻研、互相切磋，多个学科交叉融合，获得了大量的学术成果，培育出一批学术精英，对清华大学理科的发展产生了深远的影响。

为了让清华高等研究中心稳妥地成长，他亲自确定研究方向，从根本上改变了清华大学物理系的面貌。杨振宁为高等研究中心确定的研究方向是理论物理和数学，其中理论物理又聚焦在凝聚态物理和冷原子物理的研究。还定期对研究中心评估指导，使其不断改善，成为世界一流。

那时候的杨振宁已年过八旬，同事却经常收到他在晚上十一二点发送的邮件。他不仅以一己之力组建了清华高等研究中心，还发表了以清华大学为作者单位的27篇SCI收录的文章，此外，他还出版了两本著作和一大批中文学术论文。这大概是因为心中有信念才能做到的坚守。

2021年，为支持清华大学的教学科研、人才培养和文化传承，杨振宁将自己办公室和资料室内的图书、文章手稿、来往书信、影像资料，以及字画和雕像等艺术品（共计2000余件／册）无偿捐赠给清华大学，清华大学图书馆为此设立"杨振宁资料室"。

科学研究是一个科学家的本分，祖国是一个科学家的灵魂栖息地，杨振宁就是这样一位具有爱国情怀的伟大科学家。在科研的日积月累中，杨振宁的盛名远播；在对故土家园的一片深情中，杨振宁的家国情怀日日增加，不遗余力地反哺自己的祖国母亲。而这些都是源于他心中的那个信念："我的身体里流淌着的是父亲的血液，是中华文化的血液。"而在这个拥有五千年历史的母亲怀抱里，杨振宁迎来了属于他自己的期颐之年……

34 百岁诞辰：千里共同途

2021年9月22日，杨振宁这位物理学界的大师，迎来了他的百岁诞辰。

纵观他的大半生，1950至1960年这十年是他的研究活动的黄金时代。

小时候，他的动手能力很差，大家怎么也不会想到，这个捏鸡捏成莲藕的孩子，会在物理学上斩获那么多的殊荣。他从西南联大毕业后，就去美国留学深造。最初的几年，他的研究经历过各种不顺利，研究器材的爆炸率可谓飙升。面对“哪里有爆炸，哪里就有杨振宁”这种玩笑，他也是从不在意。而此种情况持续到了1948年在泰勒指导下转做理论物理才有所转变，最后获芝加哥大学哲学博士学位。为了更好地进行研究，他在 1949 年进入普林斯顿高等研究院。在无数个被否定、被修正、被搁置又被重新捡起的数据背后，终于在 1954 年和 1956 年得出两个举世闻名的物理学理论。然而，这只是他研究的众多课题中的一部分。

在那十年，他少年得志，因为之前跟名师的教导，到后面因为实验能力而转战理论物理的方向调整，每一步都在兴趣的指引下逐步步入正轨，而那时候李政道的出现，无疑是一种英雄相见恨晚的惺惺相惜。

因为共同的一个人，即北大吴大猷教授，他们有了交集。1949 年，拿到博士学位的杨振宁进入普林斯顿高等研究院任职，而在 1951 年，他就推荐学弟李政道进入普林斯顿高等研究院进行研究。两人珠联璧合，开始了他们攻克一个又一个物理学难题的旅程。最终，在 1957 年，这两名华裔物理学家登上了诺贝尔奖的殿堂。这是他取得辉煌的学术成就的巅峰十年。

而后的十年，他因为新中国的成立多了另一分热忱，而点燃他内心这把火的是另外一个人——邓稼先。

早在西南大学的时候，杨振宁就因为想和同学们一起制造加速器而上街收废铁，这时候的邓稼先还是这支队伍的一员。

可是转眼多年不见，邓稼先就成了中国，乃至世界都无法忽略的一个名字。

20 世纪 60 年代，中国成功研制原子弹，在世界上产生了重大影响。

1971 年，杨振宁克服美国设置的种种壁垒，创造了新中国成立后第一位美国著名物理学家访华的纪录。

回到祖国，他看到眼前的中国确实跟以前的中国截然不同。他先去看望在医院的父亲，又跟党和国家领导人聊了很多有关科学研究的理念和思路，但是对于那个是否是中国人自己制造了原子弹的疑问，他还是没有确认。终于等到了机会，当邓稼先送他去机场的时候，他终于忍不住问了这个问题："原子弹真的都是我们中国人研究出来的？"在那个简陋的飞机场，他问出了这个埋在心底的疑问。沉稳的邓稼先只说："我跟组织确认一下回复你。"

就在第二天，在他住的酒店，他要的答案来了。邓稼先来信了：是的，原子弹研发是我们中国人自己完成的。当看到这个消息的时候，杨振宁的心里弥漫着无法言说的喜悦。从此以后，对新中国的信心也冉冉升起，对中国物理科学研究系统重建的信心也深深植下。

而在这封简短回信的结尾，邓稼先对他说道：“但愿人长久，千里共同途。”那时候的杨振宁并没有很好地理解这句话，但是后来，他却用50年的行动践行了这句话。

1970至1980年的这十年，他不仅仅是一个科学研究者，更是一个爱国学者。

为了促进中美邦交正常化，他组织成立全美华人促进美中邦交正常化委员会，在《纽约时报》刊登全版广告启事《致美国卡特总统公开信》，呼吁美国正视中国地位，早日达成建交。在欢迎邓小平的盛宴上发表题为“建造友谊桥梁的责任”的致词。这些力所能及的举动都在为我们国家的发展争取良好的发展环境。随后还积极参加保钓运动。这些在国外对新中国的支持也被国家领导人记在心里。

1973年，杨振宁第二次访华，这次他和国家领导人毛泽东进行了谈话。在中南海的书房里，一个民族的伟人和一个物理研究领域的大师的促膝而谈成为世纪佳话。

那时候的杨振宁深感国内研究环境的缺失，资源的匮乏，所以他向中国政府领导人提出了建议，就中国科研事业的战略性结构及发展方向提出自己的想法。并且在随后的几十年里，多次邀请中国学者访美交流，多次回中国讲学，并出任多个学术基金会顾问，大力推动及协助中国发展科研事业。

1957年他在获得诺贝尔奖的发言中，还不忘鼓舞中国人的士气，到75岁回国创办清华高等研究中心，再到邀请国际物理学界知名华裔人士回国效力，每一步似乎都在为一个远大的目标做努力。

他是一个世界物理学大师，也是一个拥有华夏血脉的普通人，用自己50年的认真、负责、精进、严谨、热情来反哺他的祖国母亲。50年来，他推动了新中国物理学研究的发展，不得不说，他用严谨的治学态度和满腔的热忱走了50年的回家路。

就像他在百岁诞辰上发表的演讲："我觉得今天五十年以后，我可以跟邓稼先说：稼先，我懂你'共同途'的意思，我可以很自信地跟你说，我这以后五十年是符合你'共同途'的瞩望，我相信你也会满意的。"

我想，如果邓稼先先生还在世，一定会说："你做到了，欢迎回家。"

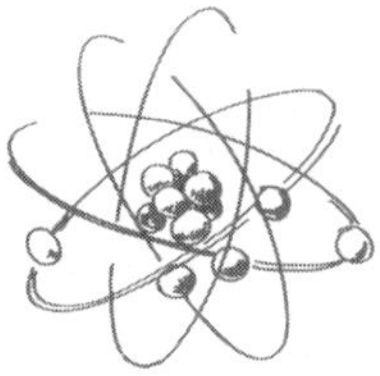

杨振宁小传

1922 年，出生于中国安徽省合肥市。

1929 年，就读北京清华园内成志小学。

1933 年，就读北平崇德中学。

1938 年，插班昆明昆华中学高二。

1938 年，入西南联大就读。

1942 年，自西南联大研究所毕业。

1944 年，任教于西南联大附中。

1945 年，赴美国留学。

1948 年，在 E. 泰勒指导下转做理论物理研究，获芝加哥大学哲学博士学位。

1949 年，进入普林斯顿高等研究院。

1950 年，与杜致礼结为夫妻。

1954 年，与米尔斯合作，提出杨－米尔斯规范场理论。

1956 年，与李政道提出宇称不守恒理论。

1957 年，与李政道一道获得诺贝尔物理学奖。

1964 年，加入美国籍。

1966 年，转赴纽约州立大学石溪分校，主持理论物理研究所的研究工作。

1967 年，发表关于解决一维空间量子多体方程式的论文，数学家巴斯特于 1972 年提出相关研究结果，后同被命名为杨－巴斯特方程，广泛应用于物理学及数学方面。

1970 年，应香港中文大学之邀赴港讲学。

1971 年，回到久别的中国，受到周恩来总理会见并宴请。

1973 年，第二次访问中国，在中南海受到毛泽东主席的接见。

1977 年，以全美华人协会会长身份发起组织全美华人促进美中邦交正常化委员会，在《纽约时报》刊登全版广告启事《致美国卡特总统公开信》，呼吁美国正视中国地位，两国早日建交。

1979 年，在欢迎邓小平访美的宴会上发表题为“建造友谊桥梁的责任”的欢迎词。

1980 年，出席中国科学院在广东从化举行的粒子物理会议，促进海内外物理学界的交流及团结。

1982 年，致函中国政府领导人，就中国科研事业的战略性结构及发展方向提出意见。其间及以后，多次邀请中国学者访美交流，多次前往中国讲学，并出任多个学术基金会顾问，大力推动及协助中国发展科研事业。

1986 年，获美国国家科学技术奖章和纽约市长颁赠的自由奖章。 同年，应邀出任香港中文大学博文讲座教授。

1992 年，当选为英国皇家学会外籍会员。

1994 年，荣获美国费城富兰克林学院颁发的鲍威尔科学成就奖。

1996 年，获清华、上海交大两所大学颁授荣誉博士学位 。

1997 年，出席香港回归祖国暨特区成立仪式，见证历史时刻。同年，清华大学高等研究中心成立，出任研究中心名誉主任。2009 年，清华大学高等研究中心更名为清华大学高等研究院。

1999 年，从纽约大学石溪分校荣休，石溪分校同日将理论物理研究所命名为杨振宁理论物理研究所。

2003 年，原配夫人杜致礼女士因病去世。同年年底，回到国内定居于北京清华大学，除了参与清华大学高等研究中心的工作外，还担任大一本科生的基础物理课程教学。他把清华园